Découvrez des Jeux Gratuits en Ligne

Disponible Ici :

BestActivityBooks.com/FREEGAMES

5 ASTUCES POUR DÉMARRER !

1) COMMENT RÉSOUDRE LES MOTS MÊLÉS

Les puzzles sont dans un format classique :

- Les mots sont cachés sans espaces, tirets, ...
- Orientation : Les mots peuvent être écrits en avant, en arrière, vers le haut, vers le bas ou en diagonale (ils peuvent être inversés).
- Les mots peuvent se chevaucher ou se croiser.

2) UN APPRENTISSAGE ACTIF

Un espace est prévu à côté de chaque mots pour noter la traduction. Pour favoriser un apprentissage actif un **DICTIONNAIRE** à la fin de cette édition vous permettra de vérifier et étendre vos connaissances. Cherchez et notez les traductions, trouvez-les dans le Puzzle et ajoutez-les à votre vocabulaire !

3) MARQUEZ LES MOTS

Vous pouvez inventer votre propre système de marquage. Peut-être en utilisez-vous déjà un ? Sinon, vous pourriez, par exemple, marquer les mots qui ont été difficiles à trouver d'une croix, ceux que vous avez aimés d'une étoile, les mots nouveaux d'un triangle, les mots rares d'un diamant, etc...

4) STRUCTUREZ VOTRE APPRENTISSAGE

Cette édition vous offre un **CARNET DE NOTES** très pratique à la fin du livre. En vacances ou en voyage ou à la maison, vous pouvez facilement organiser vos nouvelles connaissances sans avoir besoin d'un second bloc-notes !

5) VOUS AVEZ FINI TOUTES LES GRILLES ?

Allez à la section bonus **CHALLENGE FINAL** pour trouver un jeu gratuit à la fin de cette édition !

Simple et Rapide ! Découvrez notre collection de livres d'activités pour votre prochain moment de détente et **d'apprentissage**, à juste un clic de distance !

Trouvez votre prochain défi sur :

BestActivityBooks.com/MonProchainLivre

À vos marques, prêts... Partez !

Saviez-vous qu'il existe environ 7 000 langues différentes dans le monde ? Les mots sont précieux.

Nous aimons les langues et avons travaillé dur pour créer les livres de la plus haute qualité pour vous. Nos ingrédients ?

Une sélection des thématiques d'apprentissage adaptée, trois belles parts de divertissement, puis nous ajoutons une cuillère de mots difficiles et une pincée de mots rares. Nous les servons avec soin et un maximum de plaisir pour vous permettre de résoudre les meilleurs jeux de mots mêlés qui soient et d'apprendre en vous amusant !

Votre avis est essentiel. Vous pouvez participer activement au succès de ce livre en nous laissant un commentaire. Nous aimerions vraiment savoir ce que vous avez préféré dans cette édition !

Voici un lien rapide qui vous mènera à la page d'évaluation de vos commandes :

BestBooksActivity.com/Avis50

Merci pour votre aide et amusez-vous bien !

De la part de toute l'équipe

1 - Été

```
К Т Є В М Х П Л А В А Т И І
Д Е О І О Д Т І А Р Щ Е Ц Г
О П М Д Р У З І Р К К К О Р
З Х П Е Л П К О Н С Ґ А И И
В О Л У І Ь В И Е И А В С Т
І Л І С У Н Я Р Щ Г Д Н А С
Л Щ К Т И Є Г Ч Є И Я Р Н Ь
Л Л Ч К Н Р О Д И Н А Г Д Я
Я Х Г А Г Ж П З І Р К И А Т
М У З И К А Р Л Т Ц Ж Б Л Є
Ь К І П М И С Ь Я Ж Ь Ь І Л
У У Н И И Ш Д Ц Ї Ж А Ю Л Т
Р О З С Л А Б Л Е Н Н Я Г У
Р А Д І С Т Ь О Х Ч Д У У Я
```

ДРУЗІ	МОРЕ
КЕМПІНГ	МУЗИКА
ЗІРКИ	ПЛАВАТИ
РОДИНА	ЇЖА
САД	ПЛЯЖ
ІГРИ	ПІРНАННЯ
РАДІСТЬ	РОЗСЛАБЛЕННЯ
КНИГИ	САНДАЛІ
ДОЗВІЛЛЯ	ВІДПУСТКА

2 - Adjectifs #2

```
Д Р А М А Т И Ч Н І С Щ Г П
П Е Т С П Р А В Ж Н І М О Ц
П Л В У П О Т У Ж Н И Й Р Ч
Р Е О Х Л О С О Н Н И Й Д П
О Г Р И Ц Б М Х Щ А П И И Р
Д А Ч Й З Д О Р О В И Й Й И
У Н И Г Ь А С С Д Е Я У Ґ Р
К Т Й А Р Ц О И И Б А В О
Т Н Я К П О Ф І Л Л Р Ш Д Д
И И Т Ю Є В Л Л К О Ь Ь И Н
В Й Н Д Г А Т Є П А Н Н К И
Н О В И Й Н Ш Ц Ж Ю В И И Й
И Ж М О П И С О В И Й И Й Й
Й Ь Е Ю Ж Й Ч И С Т И Й Й У
```

СПРАВЖНІМ	НОВИЙ
ТВОРЧИЙ	ПРОДУКТИВНИЙ
ОПИСОВИЙ	ПОТУЖНИЙ
ОБДАРОВАНИЙ	ЧИСТИЙ
ДРАМАТИЧНІ	ЗДОРОВИЙ
ЕЛЕГАНТНИЙ	СОЛОНИЙ
ГОРДИЙ	ДИКИЙ
СИЛЬНИЙ	СУХИЙ
ЦІКАВИЙ	СОННИЙ
ПРИРОДНИЙ	

3 - Formes

```
Ю Н Б А Г А Т О К У Т Н И К
К У Б Р І Ц И Я Ц Ч Ф С Л Ь
Д О Є И П И О В А Л Ь Н И Й
Л У Л І Е Л П Л О Щ А С К Т
Д М Г О Р І П Р И З М А Р Р
П Д Х А Б Н С Ф Е Р А К И И
А І Ж Є О Д К О Н У С Р В К
Р У Р Ш Л Р Е Л І П С У А У
Л И Л А А А Ж І Б Ю Л Г Р Т
А Г Щ Ю М І Ґ Н И И Ь Л Г Н
Ш Ц Ж П С І Т І Ь П Ґ И Д И
Ж К Б І К Д Д Я Х П П Й Т К
В Ю Т Б Ь Р В А И Ф Я Б Ґ Х
П Р Я М О К У Т Н И К У Т Щ
```

ДУГА	ГІПЕРБОЛА
ПЛОЩА	ЛІНІЯ
КОЛО	ОВАЛЬНИЙ
КУТ	БАГАТОКУТНИК
КРИВА	ПРИЗМА
КОНУС	ПІРАМІДА
БІК	ПРЯМОКУТНИК
КУБ	КРУГЛИЙ
ЦИЛІНДР	СФЕРА
ЕЛІПС	ТРИКУТНИК

4 - Salle de Bains

Т	О	Л	Ш	А	М	П	У	Н	Ь	Д	Т	М	П
У	Ф	Щ	П	Щ	Ж	У	Н	Є	Є	З	Ч	Ґ	А
А	П	М	А	Ґ	Ч	Ґ	О	Є	Ш	Е	Ч	Ц	Р
Л	О	С	Ь	Й	О	Н	Ю	Д	Р	Р	Щ	Ч	Ф
Е	У	Ж	Г	Д	У	Ш	В	М	Я	К	Г	У	У
Т	И	Ц	Ж	Ч	Н	Ф	А	С	Ц	А	В	І	М
Г	У	Б	К	А	Ч	Е	Н	Н	Ь	Л	К	Ь	И
К	Н	П	А	Р	В	О	Н	Д	О	О	И	Н	И
И	Р	Т	Н	М	А	Щ	А	Ж	Р	Ж	Л	І	Ц
А	М	А	Ж	Ґ	Р	У	Ш	Н	И	К	И	В	Є
А	И	Є	Н	Ь	Г	Ь	А	Е	Х	Ш	М	Ц	С
Ь	Л	Ф	В	И	С	Ф	Е	Є	Х	Ь	О	К	І
В	О	Д	А	Б	У	Л	Ь	Б	А	Ш	К	И	Е
И	Е	С	Є	Ю	Р	Ь	Б	Є	М	А	С	У	Ю

ВАННА
БУЛЬБАШКИ
НОЖИЦІ
ДУШ
ВОДА
ГУБКА
ЛОСЬЙОН
ДЗЕРКАЛО

ПАРФУМИ
КРАН
МИЛО
РУШНИК
ШАМПУНЬ
КИЛИМОК
ТУАЛЕТ
ПАР

5 - Adjectifs #1

```
Е К З О Т И Ч Н І А К Х Х П
М О Л О Д И Й А Ь М І У А Р
Є Х Я Г Х Ю Р Р У Б Я Д Я И
А И Ш Г А М Ь О Щ І Є О Т В
Б Г Є Р Ґ М Г М Г Т В Ж Н А
Ч Т О Н К И Й А Є Н А Н Ш Б
Е Щ Е Д Р И Й Т Р І Ж І С Л
С С Р Ж Р А С И Т Н Л Й У И
Н Є О Т Ш Б Х Ч А Н И У Ч В
И Т А К Т И В Н И Й В Й А И
Й В Ш Ф Н Е В И Н Н И Й С Й
В А Ж К И Й Ь Й Ж С Й Ч Н Є
В Е Л И Ч Е З Н И Й Ц Щ И О
П О В І Л Ь Н И Й Р Ц М Й Т
```

АКТИВНИЙ	ЧЕСНИЙ
АМБІТНІ	ВАЖЛИВИЙ
АРОМАТИЧНИЙ	НЕВИННИЙ
ХУДОЖНІЙ	МОЛОДИЙ
ПРИВАБЛИВИЙ	ПОВІЛЬНИЙ
ГАРНИЙ	ВАЖКИЙ
ЕКЗОТИЧНІ	ТОНКИЙ
ВЕЛИЧЕЗНИЙ	СУЧАСНИЙ
ЩЕДРИЙ	

6 - Instruments de Musique

```
У  Ю  К  Ф  О  Г  О  Н  Г  О  Б  О  Й  О
Д  Н  Ф  Л  Е  Й  Т  А  Г  Р  П  М  М  Б
А  Н  А  Г  А  Р  М  О  Н  І  К  А  А  А
Р  Ь  Є  С  К  Р  И  П  К  А  А  Р  Н  Н
Ґ  Ц  Ж  О  Ґ  Я  Н  Ш  Ж  Л  Р  Я  Д  Д
Є  Ф  А  Г  О  Т  Е  Е  К  Г  Ф  Т  О  Ж
С  А  К  С  О  Ф  О  Н  Т  О  А  А  Л  О
Б  Б  У  Р  О  П  Щ  Є  Г  М  Я  Є  І  І
А  У  Я  Є  І  Ь  К  Б  М  І  Г  И  Н  Щ
Р  Д  Б  Х  Б  В  Е  И  Х  Л  Т  Ш  А  Ц
А  Т  Р  О  М  Б  О  Н  Ш  К  Ж  А  Л  С
Б  Є  Ю  А  Н  Д  Ц  И  А  И  Я  Г  Р  Щ
А  Б  Є  Ь  В  Ю  Х  Ц  Т  Р  У  Б  А  А
Н  Ф  О  Р  Т  Е  П  І  А  Н  О  Б  Ж  Ю
```

БАНДЖО	УДАР
ФАГОТ	ФОРТЕПІАНО
КЛАРНЕТ	ГОМІЛКИ
ФЛЕЙТА	САКСОФОН
ГОНГ	БАРАБАН
ГІТАРА	БУБОН
ГАРМОНІКА	ТРОМБОН
АРФА	ТРУБА
ГОБОЙ	СКРИПКА
МАНДОЛІНА	

7 - Échecs

О	Р	Х	Ф	Г	Ь	Т	Х	Х	К	Д	У	Т	Н
П	К	О	Р	О	Л	Ь	Є	Ч	О	Р	Н	И	Й
О	Т	М	Б	Ц	Ч	А	С	С	Н	Щ	Ю	Г	Х
Н	У	Ч	Д	У	Е	Н	Ц	Ф	К	Р	І	Ф	Г
Е	Р	О	З	У	М	Н	И	Й	У	Г	Л	А	Ч
Н	Н	М	Ш	Ц	П	Ь	Ш	У	Р	Е	Л	Ч	Н
Т	І	К	Я	Б	І	Л	И	Й	С	В	Ш	У	И
І	Р	И	Я	К	О	Р	О	Л	Е	В	А	Щ	О
Ч	І	С	О	А	Н	П	А	С	И	В	Н	И	Й
Г	Ч	Т	Е	Д	І	А	Г	О	Н	А	Л	Ь	Х
Г	Р	А	В	Е	Ц	Ь	П	Р	А	В	И	Л	А
С	Т	Р	А	Т	Е	Г	І	Я	Я	Г	Ц	Т	Ч
У	Г	Р	А	П	Р	О	Б	Л	Е	М	И	Ч	Я
Ж	Е	Р	Т	В	У	В	А	Т	И	Ш	Ц	Ш	С

ОПОНЕНТ
БІЛИЙ
ЧЕМПІОН
КОНКУРС
ПРОБЛЕМИ
ДІАГОНАЛЬ
РОЗУМНИЙ
ГРА
ГРАВЕЦЬ

ЧОРНИЙ
ПАСИВНИЙ
КОРОЛЕВА
ПРАВИЛА
КОРОЛЬ
ЖЕРТВУВАТИ
СТРАТЕГІЯ
ЧАС
ТУРНІР

8 - Herboristerie

```
Ч Е Б Р Е Ц Ь Б К В Ж К І М
М А Й О Р А Н Ю Ф Т Я У Ч Я
З Е Л Е Н И Й Я Е Г О Л К Т
А Ю Ґ В И Г І Д Н И Й І М А
Щ Л І М Д Ґ Л Х Х Т Ч Н Е Г
Ю А Р О М А Т Н Е Т Д А Ю Ю
К В І Т К А Л Л Т Г Р Ш Е
Ш А Ф Р А Н Х І Ь С Т Н Х С
І Н Г Р Е Д І Є Н Т Н І Ж Т
Н Д А Р О М А Т И Ч Н И Й Р
В А С И Л Ь П Е Т Р У Ш К А
И Ь С Р О З М А Р И Н Е Ч Г
Е Ч А С Н И К Т С П О Н Ч О
О С Д Я К І С Т Ь Г Х М О Н
```

ЧАСНИК	ЛАВАНДА
АРОМАТИЧНИЙ	МАЙОРАН
ВАСИЛЬ	М'ЯТА
ВИГІДНИЙ	ПЕТРУШКА
КУЛІНАРНІ	ЯКІСТЬ
ЕСТРАГОН	РОЗМАРИН
ФЕНХЕЛЬ	ШАФРАН
КВІТКА	АРОМАТ
ІНГРЕДІЄНТ	ЧЕБРЕЦЬ
САД	ЗЕЛЕНИЙ

9 - Véhicules

А	В	Т	О	М	О	Б	І	Л	Ь	Ґ	Ч	Ф	А
Ц	В	Х	С	У	Ф	С	С	В	Є	Х	О	У	А
Ш	Е	Т	Н	Н	С	Я	Ч	А	Ф	Ф	В	Р	У
Р	Л	П	О	Щ	Ґ	Ч	Е	П	П	В	Е	Г	Е
Б	О	Л	Ґ	Б	Р	П	О	Р	О	М	Н	О	К
Ш	С	І	О	Ф	У	У	Ж	В	Ю	Ґ	А	Н	А
М	И	Т	В	Е	В	С	С	Є	Н	Ц	Я	Р	Р
Е	П	Н	Т	Р	А	К	Т	О	Р	И	Е	А	А
Т	Е	Щ	И	Ю	Ґ	Є	А	Л	А	С	К	К	В
Р	Д	Ю	П	О	Ї	З	Д	І	І	Є	Т	Е	А
О	Д	В	И	Г	У	Н	П	Т	Г	Ч	Б	Т	Н
В	Е	Р	Т	О	Л	І	Т	А	К	С	І	А	Е
Е	Ж	І	І	П	Р	Е	С	К	У	Т	Е	Р	Е
В	А	Н	Т	А	Ж	І	В	К	А	Ч	Ґ	Ь	А

ЛІТАК	ЧОВНИК
ЧОВЕН	ШИНИ
АВТОБУС	ПЛІТ
ВАНТАЖІВКА	СКУТЕР
КАРАВАН	ТАКСІ
ПОРОМ	ТРАКТОР
РАКЕТА	ПОЇЗД
ВЕРТОЛІТ	ФУРГОН
МЕТРО	ВЕЛОСИПЕД
ДВИГУН	АВТОМОБІЛЬ

10 - Camping

```
М П Р И Р О Д А Д Я Н К Т Ю
П О І М У У Ґ Н И П В О В Ф
Ю Л І Щ О З Е Р О Р С М А У
И Ю Л І Х Т А Р К И Щ П Р К
Х В К Щ Е К У И І Г К А И А
К А Н О Е І А З Г О А С Н Б
Н Н А М Е Т К Р К Д П Є Д І
В Н Л Ь Щ К А Т Т А Е В Г Н
В Я Г О Р А Н Щ Н А Л І С А
О Б Л А Д Н А Н Н Я Ю Ц Ш Щ
Г В Ц М М І С Я Ц Ь Х Ж К Ш
О П Н Ф Т А Р Ч Ґ В К Ф Ж О
Н В Ь В Є Д К О М А Х А Щ С
Ь К О И В М Ю Ф Х Я Г Ж Ч Г
```

ТВАРИН	ВОГОНЬ
ПРИГОДА	ЛІС
КОМПАС	ГАМАК
КАБІНА	КОМАХА
КАНОЕ	ОЗЕРО
КАРТА	ЛІХТАР
КАПЕЛЮХ	МІСЯЦЬ
ПОЛЮВАННЯ	ГОРА
МОТУЗКА	ПРИРОДА
ОБЛАДНАННЯ	НАМЕТ

11 - Écologie

```
П  Ш  Є  П  К  Ґ  Ч  К  Ф  В  У  Ю  Г  Р
М  Х  В  Ц  У  В  Ю  Н  Л  С  И  Ш  Р  О
П  Р  И  Р  О  Д  Н  И  Й  І  Г  Д  П  С
В  І  У  Ш  А  Ф  Г  Г  О  Б  М  З  Ц  Л
Ц  Д  Ж  Є  Г  Р  Ц  Р  Ч  Ю  П  А  В  И
Ґ  Є  В  Д  Ґ  Ф  Р  О  Ф  Щ  І  С  Т  Н
Є  Ф  А  У  Н  А  Е  М  Є  К  И  У  Ю  И
Г  Л  Т  К  Ь  К  С  А  Є  Е  Ч  Х  Ф  М
Б  О  Л  О  Т  О  У  Д  Ь  А  Х  А  У  Е
У  Р  Р  Ж  У  Р  П  Р  И  Р  О  Д  А
І  А  У  И  В  Л  С  І  В  Ц  Д  В  В  Ц
О  Б  Ю  Е  Н  В  И  Ж  И  В  А  Н  Н  Я
Г  Л  О  Б  А  Л  Ь  Н  И  Й  Н  Н  М  Ц
М  О  Р  С  Ь  К  И  Й  Ч  І  Ч  С  Б  Ц
```

КЛІМАТ	ГОРИ
ГРОМАД	ПРИРОДА
ВИД	ПРИРОДНИЙ
ФАУНА	РОСЛИНИ
ФЛОРА	РЕСУРСИ
ГЛОБАЛЬНИЙ	ЗАСУХА
БОЛОТО	ВИЖИВАННЯ
МОРСЬКИЙ	

12 - Astronomie

```
Г Л Д Д С У З І Р Я Щ К А О
З А Т Е М Н Е Н Н Я Т Н С Б
М Е Т Е О Р Р Ц Г М М А Т С
О Л Т Л Р І А А А Ч С Д Р Е
П Н У П Н В С Д К Г Г Н О Р
З Е М Л Я Н Т С І Е И О Н В
М Б А А В О Р С А А Т В А А
І О Н Н С Д О О С Ж Ц А В Т
С Г Н Е Е Е Н Н Т Н І І Т О
Я Я І Т С Н О Я Е Є Н Т Я Р
Ц Ц С А В Н М Ч Р А Ю О Ґ І
Ь О Т Ю І Я О Н О Ю Е И Щ Я
Г Щ Ь А Т Н К И Ї Ґ Ю У Щ К
К О С М О С Т Й Д Ґ Ж А Ь И
```

АСТЕРОЇД	МЕТЕОР
АСТРОНАВТ	ТУМАННІСТЬ
АСТРОНОМ	ОБСЕРВАТОРІЯ
НЕБО	ПЛАНЕТА
СУЗІР'Я	РАДІАЦІЯ
КОСМОС	СОНЯЧНИЙ
ЗАТЕМНЕННЯ	НАДНОВА
РІВНОДЕННЯ	ЗЕМЛЯ
РАКЕТА	ВСЕСВІТ
МІСЯЦЬ	

13 - Types de Cheveux

```
С Х В И Л Я С Т И Й Т І Ц Б
Р У Є Л И Т Е Н К Д О А С Л
С І Х Т С У Х Б Щ Д Н И І И
З Ю Ь И И К У Ч Е Р К Ч Р С
Б Д Г С Й Ц И О Ю Ш И О И К
Р Л О Щ Е И М Я К И Й Р Й У
К К О Р И Ч Н Е В И Й Н Щ Ч
О В Ч Н О К О Р О Т К И Й И
С Ю Ґ В Д В І Г П А І Й Ц Й
И Є С В Б И И С У Ь Ш Т И Ф
Ж Л С Г І Б Н Й В И А Х Я Н
Ш Я О Є Л Л С Р І Б Л О О К
Д О В Г И Й Т О В С Т И Й Щ
Л М Ш М Й К У Ч Е Р Я В И Й
```

СРІБЛО	СІРИЙ
БІЛИЙ	ДОВГИЙ
БЛОНДИН	КОРИЧНЕВИЙ
КУЧЕР	ТОНКИЙ
БЛИСКУЧИЙ	ЧОРНИЙ
ЛИСИЙ	ХВИЛЯСТИЙ
КОРОТКИЙ	ЗДОРОВИЙ
М'ЯКИЙ	СУХИЙ
ТОВСТИЙ	КОСИ
КУЧЕРЯВИЙ	

14 - Restaurant #1

```
К К Щ Т А Р І Л К А Н Д Д Ю
К А У Ї Ж А Н І О И І Е Н О
Ю У В Р Ь Ч Г Т Ф Ш Ж С Д Ю
Я К Х А К Ч Р Д І С М Е Н Ю
І А Л Н Щ А Е Н Ц Е Я Р Б Л
І І І С Я Ш Д А І Р Ь Т М Ч
Д Н Б Т С А І Л А В К Б В А
І Т Ь Р Ф Р Є Е Н Е А Т Я Л
Щ Я А Н Х И Н Р Т Т С Я І Є
Ж Г М В Ґ Ц Т Г К К И С Щ Р
П М Я Ф Я Р И І А А Р О Ч Н
Г О С Т Р И Й Я Р Ч Щ У Ф М
Б Р О Н Ю В А Н Н Я А С П В
М Д Щ Я Ь Ш Н Щ Р Я С К Ш С
```

АЛЕРГІЯ	МЕНЮ
ТАРІЛКА	ЇЖА
ЧАША	ХЛІБ
КАВА	КУРКА
КАСИР	БРОНЮВАННЯ
НІЖ	СОУС
КУХНЯ	ОФІЦІАНТКА
ДЕСЕРТ	СЕРВЕТКА
ГОСТРИЙ	М'ЯСО
ІНГРЕДІЄНТИ	

15 - Mammifères

К	О	Й	О	Т	В	И	Ц	Ш	Ь	Ь	В	Є	Х
Е	С	Ф	Ю	Ь	Є	И	К	А	І	Т	О	Х	Л
Н	П	У	Н	Д	В	Л	І	Є	Д	Ж	В	Ґ	І
Г	О	Р	И	Л	А	Ж	И	Р	А	Ф	К	Ґ	Я
У	М	А	В	П	А	К	Т	Л	Е	В	У	Ж	П
Р	Г	К	И	Т	Ґ	Н	Р	И	Щ	Ц	И	В	Е
У	І	П	М	В	Ь	И	Ц	О	Г	Ш	И	І	С
С	Ц	Б	Ґ	Щ	М	Ц	В	Д	Л	Р	І	В	Л
К	Д	Х	М	З	Ф	Ш	Е	Ь	Ч	И	Ч	Ц	Г
І	І	І	І	Е	Є	О	Д	Ч	В	Ч	К	Я	Ш
Ґ	Щ	Ш	А	Б	П	Е	М	Е	Ю	И	Г	Л	Ф
Ц	Є	Ґ	К	Р	Ь	Х	І	Б	И	К	Ц	У	У
С	Л	О	Н	А	Б	Ш	Д	Е	Л	Ь	Ф	І	Н
А	Е	К	І	Н	Ь	У	Ь	Л	И	С	И	Ц	Я

КИТ	КРОЛИК
КІШКА	ЛЕВ
КІНЬ	ВОВК
ПЕС	ВІВЦЯ
КОЙОТ	ВЕДМІДЬ
ДЕЛЬФІН	ЛИСИЦЯ
СЛОН	МАВПА
ЖИРАФ	БИК
ГОРИЛА	ТИГР
КЕНГУРУ	ЗЕБРА

16 - Sports

С	П	Л	Д	Щ	Б	С	У	Д	Д	Я	Ф	А	Т
В	Д	І	С	П	О	Р	Т	С	М	Е	Н	М	Р
И	В	Ж	Ч	С	Б	Б	И	А	А	Т	Ф	У	Е
Ю	Щ	Х	О	К	Е	Й	К	Ш	Д	А	Ь	Б	Н
Ь	Ц	Б	Ф	А	Й	В	Б	Ф	Н	І	Я	Ь	Е
Г	І	М	Н	А	С	Т	И	К	А	Г	О	Ю	Р
О	Г	Ф	Х	Щ	Б	Щ	О	О	У	Р	В	Н	У
Л	Т	І	Т	К	О	Ц	Б	М	Ж	А	Е	Г	Х
Ь	Ш	Е	М	М	Л	Г	Р	А	В	Е	Ц	Ь	Я
Ф	Ш	Є	Н	Н	Е	М	І	Н	Ж	Ц	Ю	Ф	Н
Т	Т	Р	П	І	А	А	М	Д	А	Д	Х	Ч	Д
Ш	Щ	Х	Ж	К	С	З	О	А	Щ	У	Р	І	Ґ
П	Л	А	В	А	Т	И	І	С	У	Ц	Ь	Ч	Г
У	Ґ	Г	Н	Ч	Ц	П	Д	Я	Ч	Ь	Я	Ц	Ч

СУДДЯ
СПОРТСМЕН
БЕЙСБОЛ
ТРЕНЕР
КОМАНДА
ГОЛЬФ
ГІМНАЗІЯ
ГІМНАСТИКА

ХОКЕЙ
ГРА
ГРАВЕЦЬ
РУХ
ПЛАВАТИ
СТАДІОН
ТЕНІС

17 - Chocolat

```
Н  Ф  Г  Г  І  Д  Ц  Щ  У  Е  С  К  Ж  Щ
Д  Д  П  Н  Ж  В  В  В  Щ  Р  М  Д  Д  А
К  Щ  Ш  У  Ю  У  К  А  Л  О  Р  І  Й  Н
І  Н  Г  Р  Е  Д  І  Є  Н  Т  В  Ц  Ж  Т
Я  А  І  С  С  І  І  Ж  Б  О  А  У  У  И
К  П  Р  К  О  К  О  С  Ю  Ц  Р  К  Л  О
І  О  Е  А  Л  Л  К  А  К  А  О  Е  Ю  К
С  Р  Ц  Р  Х  К  О  Г  Ц  Ш  М  Р  Б  С
Т  О  Е  А  Н  І  Б  Д  І  Т  А  К  Л  И
Ь  Ш  П  М  І  Щ  С  Ю  К  Р  Т  И  Е  Д
В  О  Т  Е  Ц  Х  М  Щ  І  И  К  Д  Н  А
Д  К  Т  Л  С  М  А  Ч  Н  И  Й  И  И  Н
Ґ  І  Б  Ь  Ц  У  К  О  Р  Р  Б  С  Й  Т
Е  К  З  О  Т  И  Ч  Н  І  І  Ґ  Ф  Е  Л
```

ГІРКИЙ	УЛЮБЛЕНИЙ
АНТИОКСИДАНТ	СМАК
ЦУКЕРКИ	ІНГРЕДІЄНТ
АРАХІС	КОКОС
КАКАО	ПОРОШОК
КАЛОРІЙ	ЯКІСТЬ
КАРАМЕЛЬ	РЕЦЕПТ
СМАЧНИЙ	АРОМАТ
СОЛОДКИЙ	ЦУКОР
ЕКЗОТИЧНІ	

18 - Mathématiques

Г	Р	В	С	Г	Т	У	Д	Д	Н	Т	С	Т	Є
Е	А	Т	К	У	О	У	П	Е	С	С	Є	П	В
О	Д	Ц	П	У	М	Ж	Р	С	У	М	Р	П	И
М	І	М	О	Г	Т	А	Я	Я	Н	Ж	Т	Е	К
Е	У	Ч	К	Ц	Я	И	М	Т	М	Є	Л	Р	Е
Т	С	Б	А	Г	А	Т	О	К	У	Т	Н	И	К
Р	Л	К	З	И	Ф	Ф	К	О	Ґ	Є	О	М	Д
І	Щ	В	Н	Щ	Щ	Є	У	В	М	К	К	Е	І
Я	А	Р	И	Ф	М	Е	Т	И	К	А	Р	Т	А
Е	Л	И	К	П	К	Щ	Н	Й	С	У	У	Р	М
П	О	Б	С	Я	Г	Б	И	Ґ	М	Ф	Г	Ґ	Е
Щ	Л	Ю	И	М	Е	Л	К	О	К	П	Е	Ґ	Т
П	А	Р	А	Л	Е	Л	Ь	Н	И	Й	Л	Р	Р
Р	І	В	Н	Я	Н	Н	Я	Є	П	Л	О	Щ	А

КУТИ
АРИФМЕТИКА
ПЛОЩА
ОКРУГ
ДЕСЯТКОВИЙ
ДІАМЕТР
ПОКАЗНИК
РІВНЯННЯ
ГЕОМЕТРІЯ

ПАРАЛЕЛЬНИЙ
ПЕРИМЕТР
БАГАТОКУТНИК
РАДІУС
ПРЯМОКУТНИК
СУМА
СФЕРА
ОБСЯГ

19 - Mythologie

```
Ч  А  Р  І  В  Н  И  Й  Л  А  Г  Т  І  С
Ц  Д  У  Ю  У  О  И  Г  Е  Р  О  Й  С  Т
Б  П  Ш  Л  Ш  Т  Ї  И  Г  Х  М  Л  Т  В
Ц  О  Є  Щ  Н  Ж  Ь  Н  Е  Е  О  В  О  О
Б  В  Ь  Г  Х  Ч  С  К  Н  Т  Н  Ц  Т  Р
Р  Е  В  Н  О  Щ  І  Г  Д  И  С  Е  А  Е
П  Д  З  Б  Є  Ч  Ч  Р  А  П  Т  Ґ  Д  Н
О  І  О  С  Ж  Ф  С  І  М  Т  Р  С  Ш  Н
М  Н  Ф  И  М  К  Б  М  Ш  К  Р  Щ  Я  Я
С  К  Ш  Л  Ш  Е  Л  А  Б  І  Р  И  Н  Т
Т  А  А  А  Ю  Я  Р  Я  Ь  Є  И  Г  Д  Т
А  Л  С  К  У  Л  Ь  Т  У  Р  А  Х  Р  Б
С  М  Е  Р  Т  Н  И  Й  Я  Я  Ж  І  Н  Ґ
Л  И  Х  О  Б  Л  И  С  К  А  В  К  А  Ц
```

АРХЕТИП	БЕЗСМЕРТЯ
ЛИХО	РЕВНОЩІ
ПОВЕДІНКА	ЛАБІРИНТ
СТВОРЕННЯ	ЛЕГЕНДА
ІСТОТА	ЧАРІВНИЙ
КУЛЬТУРА	МОНСТР
БЛИСКАВКА	СМЕРТНИЙ
СИЛА	ГРІМ
ВОЇН	ПОМСТА
ГЕРОЙ	

20 - Restaurant #2

```
К Ю А Ш Ш Ф А Л Ж О Ц Ч Ь Ш
В Е Ч Е Р Я Л І Д Л К Ф Е М
Л О К Ш И Н А П Ц Р Ь Р П Т
Р К С Ж Б К П Ф Ч А И Д Ь О
Ч Е У Н А Р Т Ш Б М У Г Н Я
В С П Е Ц І Ї О В И Л К А Й
Ь М І Н О С В Т Р В О Р П Ц
Н А С Л Т Л Х О О Т Ж Д І Я
Е Ч Р М Ь О Ф В Д С К Н Й С
Ц Н Ч Ш Е Б Р О О А А Ш Щ В
Щ И Д Ь Ш І У Ч Щ Л Л Р І У
Я Й Т Ш В Д К І У А М В К К
Ь И О Ц Ж Х Т А М Т Ч Ж Ю М
И Ц В О Ф І Ц І А Н Т Б У Р
```

НАПІЙ	ТОРТ
КРІСЛО	ЛІД
ЛОЖКА	ОВОЧІ
ОБІД	ЛОКШИНА
СМАЧНИЙ	ЯЙЦЯ
ВЕЧЕРЯ	РИБА
ВОДА	САЛАТ
СПЕЦІЇ	СІЛЬ
ВИЛКА	ОФІЦІАНТ
ФРУКТ	СУП

21 - Couleurs

```
Ж Г Ц О О Л А З У Р Н И Й С
Н Ц А І Є Р Б Е Ж Е В И Й І
Ю Ф М Ф К О А Ф У К С І Я Р
М Б Ц Г Б Ж Б Н Р Д Т Л С И
С Ґ І Я К Е Л Е Ж Ч Г И Е Й
І Е Ж Л Р В А З Б Е И Ю П М
Ц Н К В И И К Е Г Р В М І А
Б Е Д У Р Й И Л Н В С И Я Л
Г Є Ч И У Ґ Т Е Щ О И Ґ Й И
Д В И Ф Г С Н Н И Н Н И Ж Н
С І Ц Б Х О И И М И І Ю Т О
Ж О В Т И Й Й Й И Й Х Т В
Ю К О Р И Ч Н Е В И Й Ь Л И
Ч О Р Н И Й Г Щ Г Ю Ф В П Й
```

ЛАЗУРНИЙ	ЖОВТИЙ
БЕЖЕВИЙ	КОРИЧНЕВИЙ
БІЛИЙ	ЧОРНИЙ
СИНІЙ	ОРАНЖЕВИЙ
МАЛИНОВИЙ	РОЖЕВИЙ
БЛАКИТНИЙ	ЧЕРВОНИЙ
ФУКСІЯ	СЕПІЯ
СІРИЙ	ЗЕЛЕНИЙ
ІНДИГО	

22 - Avions

```
А  В  Ф  Д  М  П  І  Л  О  Т  Ш  В  І  Г
Т  Т  Р  Ж  Є  А  А  Р  Є  Є  К  О  С  В
М  Я  Є  П  Л  Л  П  С  Ж  Ц  М  Д  Т  И
О  Я  Є  Р  Ч  И  О  О  А  Т  К  Е  О  Н
С  Р  Б  И  Н  В  Г  В  С  Ж  Ю  Н  Р  Т
Ф  Н  Б  Г  Е  О  О  Б  П  А  И  Ь  І  И
Е  Ж  А  О  Б  К  Д  Ф  У  А  Д  Р  Я  Ш
Р  Я  Ж  Д  О  А  А  Ю  С  М  И  К  Н  І
А  Є  Л  А  У  Ш  П  Д  К  С  З  О  А  Є
В  Х  К  У  Р  Т  Ю  Х  Ц  У  А  Є  П  Л
В  И  С  О  Т  А  И  Б  Ш  К  Й  М  Р  Б
П  О  В  І  Т  Р  Я  В  Ь  Ч  Н  Г  Я  Ч
Е  К  І  П  А  Ж  Д  В  И  Г  У  Н  М  Т
П  Ф  Д  Б  У  Д  І  В  Н  И  Ц  Т  В  О
```

ПОВІТРЯ	ЕКІПАЖ
АТМОСФЕРА	НАДУТИ
ПОСАДКА	ВИСОТА
ПРИГОДА	ГВИНТИ
ПАЛИВО	ІСТОРІЯ
НЕБО	ВОДЕНЬ
БУДІВНИЦТВО	ПОГОДА
СПУСК	ДВИГУН
ДИЗАЙН	ПАСАЖИР
НАПРЯМ	ПІЛОТ

23 - Aventure

```
Т  А  І  Ґ  Н  Т  П  Д  Н  Х  Н  П  Б  П
Ч  Ґ  М  Р  Ш  Р  І  І  Е  О  А  Р  Е  О
Щ  І  Ч  Г  Я  У  Д  Я  З  Р  В  И  З  Д
Д  Ю  О  П  К  Д  Г  Л  В  О  І  Р  П  О
М  Н  А  Р  Р  Н  О  Ь  И  Б  Г  О  Е  Р
И  О  В  О  А  І  Т  Н  Ч  Р  А  Д  К  О
Ь  В  Ж  Б  С  С  О  І  А  І  Ц  А  А  Ж
И  И  Е  Л  А  Т  В  С  Й  С  І  И  Т  І
У  Й  Щ  Е  И  Ь  К  Т  Н  Т  Я  Щ  И  Є
К  Ц  Т  М  К  В  А  Ь  І  Ь  Г  В  Є  Х
Я  В  А  И  І  Я  І  М  А  Р  Ш  Р  У  Т
Ш  А  Н  С  Р  Е  К  С  К  У  Р  С  І  Я
Р  А  Д  І  С  Т  Ь  К  Т  П  В  Ш  Х  Р
Е  Н  Т  У  З  І  А  З  М  Ь  И  Ж  Ч  Ю
```

ДІЯЛЬНІСТЬ	МАРШРУТ
КРАСА	РАДІСТЬ
ХОРОБРІСТЬ	ПРИРОДА
ШАНС	НАВІГАЦІЯ
ПРОБЛЕМИ	НОВИЙ
ТРУДНІСТЬ	МОЖЛИВІСТЬ
ЕНТУЗІАЗМ	ПІДГОТОВКА
ЕКСКУРСІЯ	БЕЗПЕКА
НЕЗВИЧАЙНІ	ПОДОРОЖІ

24 - Ville

```
Л  С  Т  М  А  Ш  Н  С  З  У  Р  С  Е  Ж
Б  А  Е  У  Д  Д  Х  Ш  О  Н  Е  У  К  Ф
Г  Л  А  З  К  Ю  С  И  О  І  С  П  Щ  Л
Г  О  Т  Е  Л  Ь  Е  Ж  П  В  Т  Е  И  О
Ш  Н  Р  Й  С  Є  Л  І  А  Е  О  Р  Г  Р
Г  А  Л  Е  Р  Е  Я  Н  Р  Р  Р  М  А  И
К  П  Е  К  А  Р  Н  Я  К  С  А  А  Е  С
І  Л  С  Т  А  Д  І  О  Н  И  Н  Р  Р  Т
Н  Л  І  Х  И  Р  Щ  И  К  Т  А  К  О  Ю
О  Ш  Ч  Н  Х  Ґ  И  Ч  Г  Е  П  Е  П  Р
Ц  Б  К  Є  І  О  Х  Н  Р  Т  Т  Т  О  Б
Ю  Ж  Н  О  М  К  И  Ь  О  И  Е  Ф  Р  А
Т  Я  К  Р  Л  Б  А  Н  К  К  К  П  Т  Є
Ь  К  У  У  Л  А  И  Є  П  Б  А  Ь  Ж  Р
```

АЕРОПОРТ	МУЗЕЙ
БАНК	АПТЕКА
ПЕКАРНЯ	РЕСТОРАН
КІНО	САЛОН
КЛІНІКА	СТАДІОН
ШКОЛА	СУПЕРМАРКЕТ
ФЛОРИСТ	ТЕАТР
ГАЛЕРЕЯ	УНІВЕРСИТЕТ
ГОТЕЛЬ	ЗООПАРК
РИНОК	

25 - Cuisine

```
Ш П Ч Щ У П Г У И Р П Х Г Л
Х Є А А Щ Ґ Р Л Д Ж А О Л М
Л Р Й Л Ш В И Л К И Л Л Е Ґ
Ю К Н Ч Є А Л Г М Г И О К Х
Г И И Ж Є Я Ь П Б У Ч Д Н Ж
Л П К У К Л К І Ь Б К И Н М
Е О Л Ч Х С Р Ч Я К А Л Є Б
Ч І Ж Ч Т Я Е А Ї А М Ь Є Я
И Ь Ф К Щ М Ц Ш Є Ж И Н Т Є
К Х П Ф И С Е В Н Я А И Ґ Н
Ф А Р Т У Х П Щ Ф Г Ь К Ґ Я
С П Е Ц І Ї Т Н Т Ч А Ш К И
М О Р О З И Л Ь Н И К Є Ґ Х
С Е Р В Е Т К А Н О Ж І Я Ч
```

ПАЛИЧКАМИ	ВИЛКИ
ЧАША	ГРИЛЬ
ЧАЙНИК	ЇЖА
МОРОЗИЛЬНИК	ГЛЕК
НОЖІ	РЕЦЕПТ
ГЛЕЧИК	ХОЛОДИЛЬНИК
ЛОЖКИ	СЕРВЕТКА
СПЕЦІЇ	ФАРТУХ
ГУБКА	ЧАШКИ
ПІЧ	

26 - Corps Humain

О	Б	Л	И	Ч	Ч	Я	Щ	В	С	М	Ґ	Г	Л
И	Ж	П	О	І	Ч	Е	П	І	В	У	Х	О	А
М	Ш	И	У	Ч	А	М	Є	Я	Ж	П	У	Л	П
М	К	Р	Щ	Р	О	Ь	Н	І	С	Л	А	О	І
Ш	У	О	Ш	И	Я	Е	І	П	Ф	Е	С	В	Д
Ь	Р	Т	С	Ш	К	П	Я	И	С	Ч	Т	А	Б
В	Б	К	Е	Р	О	В	Ш	Я	Е	Т	Ґ	О
П	У	Р	Р	І	Л	Е	Л	Е	Т	Л	П	Ш	Р
Н	А	Б	Ц	Р	І	Щ	Ґ	О	Є	М	В	Л	І
Р	Г	Л	Е	А	К	Ш	У	Г	Т	Щ	Ж	У	Д
Е	У	И	Е	М	О	Л	Т	М	Ж	К	О	Н	Д
Я	Б	К	Ю	Ц	Т	М	О	З	О	К	И	О	Я
Д	И	Ф	А	Ц	Ь	Щ	Е	Л	Е	П	А	К	Є
А	Ґ	Т	Д	Ю	Ь	К	О	Л	І	Н	А	В	Х

РОТ	ГУБИ
МОЗОК	РУКА
ЩИКОЛОТКИ	ЩЕЛЕПА
ШИЯ	ПІДБОРІДДЯ
ЛІКОТЬ	НІС
СЕРЦЕ	ВУХО
ПАЛЕЦЬ	ШКІРА
ШЛУНОК	КРОВ
ПЛЕЧЕ	ГОЛОВА
КОЛІНА	ОБЛИЧЧЯ

27 - Épices

```
П О Л Ф Г Ф Д К Ч Ґ Я Р С Ю
А В Л Е І І С Я О А Я О Л Т
П О Ш Н Р Щ О Я Т Р С М Е И
Р О С Х К М Л К К М И Н Ю Н
И Ц І Е И Р О П Ь Ф У Ц И Ч
К И Л Л Й Ц Д Е А Н І С Я К
А Б Ь Ь Т М К Р К Ж Х Ґ Х К
К У Р К У М А Е А А М О Щ О
Щ Л Ж О Ш Ф У Ц Р Є Р С О Р
К Я П Ф А Р П Ь Д Ю Ь Р А І
А Р О М А Т Б В А Н І Л І А
К И С Л И Й С І М Б И Р Ґ Н
К Ш А Ф Р А Н М О К Я Ж Є Д
Ю Х Ґ Т Ж У М Б Н У У Б Ґ Р
```

КИСЛИЙ	ФЕНХЕЛЬ
ЧАСНИК	ІМБИР
ГІРКИЙ	ЦИБУЛЯ
АНІС	ПАПРИКА
КОРИЦЯ	ПЕРЕЦЬ
КАРДАМОН	СОЛОДКА
КОРІАНДР	ШАФРАН
КМИН	АРОМАТ
КУРКУМА	СІЛЬ
КАРРІ	ВАНІЛІ

28 - Science

```
Х К Г І П О Т Е З А Е Д Г Я
П І Л Ь М Я К У Є Т В А Р Л
Т П М І Р Ц Щ Г М О О Н А Е
Ь О Н І М Е Т О Д М Л І В Л
С Р Ф Ж Ч А О В Ч Р Ю В І А
Г Г Ц І Б Н Т И В Е Ц И Т Б
П А Т М З М І Л У Ч І К А О
Ю Н Є П Р И Р О Д А Я О Ц Р
Я І В Ч Н Х К Ф Х С Ф П І А
Б З Г Є П В І А Щ Т А Н Я Т
Н М О Л Е К У Л И И К И Ж О
Е К С П Е Р И М Е Н Т Й А Р
Ю Е Ж В Ю Ь М Р Є К Ґ С Н І
О Е М І Н Е Р А Л И В Б Т Я
```

АТОМ	ГІПОТЕЗА
ХІМІЧНІ	ЛАБОРАТОРІЯ
КЛІМАТ	МЕТОД
ДАНІ	МІНЕРАЛИ
ЕКСПЕРИМЕНТ	МОЛЕКУЛИ
ЕВОЛЮЦІЯ	ПРИРОДА
ФАКТ	ОРГАНІЗМ
ВИКОПНИЙ	ЧАСТИНКИ
ГРАВІТАЦІЯ	ФІЗИКА

29 - Chats

```
Т Г Є В М М И С Л И В Е Ц Ь
Р Р В Л А П А Д Є И І Б О Р
М А У Т Л Б Р К К Р Л О Ґ Ь
Д Й А Ю Е Б М Я Ю Ж Д Ж И Ґ
И Л Ґ Ш Н С Г Л Ж Т Є Е Е В
К И С М Ь Щ Л П Л А І В Л Е
И В Ц І К А В И Й Х В І С Т
Й И Ш В И Д К О А Ю У Л Х Н
Б Й П Г Й Ф Н І Л Є Л Ь У Є
Ґ І В Ю Ь М И Ш А Е Л Н Т Е
П Щ Ч Є О Н С П А Т И И Р М
Н Е З А Л Е Ж Н И Й М Й О А
О С О Б И С Т О С Т І К О Б
С О Р О М Я З Л И В И Й Ц Ф
```

МИСЛИВЕЦЬ	ЛАПА
ЦІКАВИЙ	ОСОБИСТОСТІ
СПАТИ	МАЛЕНЬКИЙ
ГРАЙЛИВИЙ	ХВІСТ
ПРЯЖА	ШВИДКО
БОЖЕВІЛЬНИЙ	ДИКИЙ
ХУТРО	МИША
НЕЗАЛЕЖНИЙ	СОРОМ'ЯЗЛИВИЙ

30 - Vêtements

Р	Ь	Ш	Б	П	Ц	С	Ь	С	Є	К	Є	П	Н
У	Ь	Е	Ч	А	М	Х	П	П	М	Д	А	Ш	А
К	Я	К	О	Л	С	Ю	Л	І	Б	Ж	Щ	П	М
А	Щ	Є	В	Ь	О	Ж	А	Ж	Д	И	Б	С	И
В	Я	К	З	Т	Р	Г	Т	А	Н	Н	Ш	И	С
И	Р	У	У	О	О	В	Т	М	Б	С	И	Д	Т
Ч	А	Р	Т	И	Ч	Б	Я	А	Г	И	Л	Ц	О
К	Л	Т	Т	И	К	Б	Л	Д	Ш	А	Р	Ф	Я
И	Ф	К	Я	Ф	А	Р	Т	У	Х	Д	М	Щ	Х
С	С	А	Н	Д	А	Л	І	О	З	П	О	Я	С
О	В	К	А	П	Е	Л	Ю	Х	Л	К	Д	Б	Г
Я	В	Е	Л	С	Е	Д	Ш	Ш	К	У	А	Л	Ь
Ч	Г	Ш	Т	А	Н	И	У	Є	Ш	О	У	Н	О
А	Г	Ч	Б	Р	А	С	Л	Е	Т	Щ	Л	Ж	В

БРАСЛЕТ
ПОЯС
КАПЕЛЮХ
ВЗУТТЯ
СОРОЧКА
БЛУЗКА
НАМИСТО
ШАРФ
РУКАВИЧКИ
ДЖИНСИ

СПІДНИЦЯ
ПАЛЬТО
МОДА
ШТАНИ
СВЕТР
ПІЖАМА
ПЛАТТЯ
САНДАЛІ
ФАРТУХ
КУРТКА

31 - Arts Visuels

```
П Р Я Т Ф І Л Ь М Ш В І С К
Г Ц Ц Р П О Р Т Р Е Т Д С Ґ
Ґ Р Ь А Т Л Т Ч Е Д Г Г Н Ф
В Е М Ф В І Ш О П Е У О К Н
В Н О А О В Ь Ф Г В С Ю Е А
К Х Л Р Р Е Н Ф Р Р Ф Ч Р Х
Р Ю Ь Е Ч Ц Л А К Г А Т А Щ
Е Б Б Т І Ь А У П Л Є Ф М У
Й П Е Р С П Е К Т И В А І А
Д В Р У Т С С Т Л Н Ч Д К Я
А Ю Т Ч Ь А С Ж М А Х Г А Ф
С Щ С К У Л Ь П Т У Р А Е О
С К Л А Д Х У Д О Ж Н И К Ц
А Р Х І Т Е К Т У Р А Ґ О П
```

АРХІТЕКТУРА	ТВОРЧІСТЬ
ГЛИНА	ФІЛЬМ
ХУДОЖНИК	ПЕРСПЕКТИВА
КЕРАМІКА	ФОТОГРАФІЯ
ШЕДЕВР	ТРАФАРЕТ
МОЛЬБЕРТ	ПОРТРЕТ
ВІСК	СКУЛЬПТУРА
СКЛАД	РУЧКА
КРЕЙДА	ЛАК
ОЛІВЕЦЬ	

32 - Méditation

```
Х П А Ф Ч М А Ь П Ґ Д Г Б Е
Я О П Т Т Ь И Д О Б Р О Т А
Р С Д Е Ш Д К Р Д Ч Н Щ Е Л
О Т Н П Р И Й Н Я Т Т Я М С
З А Д І А С Я Ч К Т Б Ю О П
У В Л Г С Ж П Ч А И Ч Ю Ц І
М А Х Ґ Є Т В Е К Ш Г П І В
О П П П Г Д Ь Я К А У Щ Ї Ч
В Р Р З В И Ч К И Т И Ф Ю У
И У И С Д Х Ч И П У И У А Т
Й Х Р Е У А Ш Б Т Є Д В Ш Т
П Р О К И Н У Т И С Я А А Я
Ц Р Д А К Н Д Ф М Д П Г Ч И
У Б А П П Я М У З И К А Х Д
```

ПРИЙНЯТТЯ	РОЗУМОВИЙ
УВАГА	РУХ
ЯСНІСТЬ	МУЗИКА
СПІВЧУТТЯ	ПРИРОДА
ЕМОЦІЇ	МИР
ПРОКИНУТИСЯ	ПЕРСПЕКТИВА
ДОБРОТА	ПОСТАВА
ПОДЯКА	ДИХАННЯ
ЗВИЧКИ	ТИША

33 - Littérature

```
П  Л  Т  Р  А  Г  Е  Д  І  Я  Ґ  О  О  Д
О  О  Р  О  О  С  Т  И  Л  Ь  В  П  Ж  Ю
Е  А  Р  Б  Т  М  С  Ш  П  Є  І  И  Б  Н
Т  Н  О  І  К  Ь  А  В  Т  О  Р  С  Р  Г
И  Е  Х  О  В  И  С  Н  О  В  О  К  И  Ш
Ч  К  А  Г  І  Н  Ґ  Д  Д  Ґ  П  М  М  В
Н  Д  Н  Р  Р  Л  Я  І  Е  М  Е  А  А  И
И  О  А  А  Ш  Т  М  Н  Р  П  О  М  Н  Г
Й  Т  Л  Ф  К  Е  Щ  Д  Н  И  Я  Т  А  А
Щ  Н  О  І  Г  М  Щ  Р  Р  Я  Т  Л  Л  Д
П  У  Г  Я  П  А  Р  Т  Е  В  Ґ  М  І  К
Г  О  І  Т  М  Е  Т  А  Ф  О  Р  А  З  А
И  В  Я  Д  І  А  Л  О  Г  Н  Є  Е  І  Г
О  П  О  В  І  Д  А  Ч  Ш  С  И  К  Д  С
```

АНАЛОГІЯ	МЕТАФОРА
АНАЛІЗ	ОПОВІДАЧ
АНЕКДОТ	ВІРШ
АВТОР	ПОЕТИЧНИЙ
БІОГРАФІЯ	РИМА
ПОРІВНЯННЯ	РОМАН
ВИСНОВОК	РИТМ
ОПИС	СТИЛЬ
ДІАЛОГ	ТЕМА
ВИГАДКА	ТРАГЕДІЯ

34 - Nourriture #1

```
М Ч Б М К Е Є Н О М К П С С
А Ц Ф И О Л И М О Н А О А С
В С І К Р Ц У К О Р В Л Л Ч
А Ь Ш П И Н А Т С В А У А Т
С І Л Ь Ц Я Ч М І Н Ь Н Т И
И У С Г Я Г Р У Ш А І И С Г
Л И П К Ц И Т Ц Ю І Є Ц Х Р
Ь М О Р К В А У Г В И Я В І
М М Т Ь Б Р Ь Ч Н Ч А Ю Р Ш
Я О Д О Д Л Ь А П Е Ц Ь І Ж
С М Л Є Л Ф Ш С У А Ц Ж П У
О Ю Г О А В Ґ Н С С Ґ Ь А К
Р Ф Т Ю К Ч Ц И Б У Л Я Ю Х
А Ь Д Ф Ш О Я К Ж Ц В Е Ь Т
```

ЧАСНИК	РІПА
ВАСИЛЬ	ЦИБУЛЯ
КАВА	ЯЧМІНЬ
КОРИЦЯ	ГРУША
МОРКВА	САЛАТ
ЛИМОН	СІЛЬ
ШПИНАТ	СУП
ПОЛУНИЦЯ	ЦУКОР
СІК	ТУНЕЦЬ
МОЛОКО	М'ЯСО

35 - Jours et Mois

```
Б  П  О  Н  Е  Д  І  Л  О  К  М  Ь  Р  М
Е  Л  К  Е  Щ  Ч  П  Є  Ф  П  Ж  Т  Ь  Ґ
Р  И  А  Д  Ч  Е  Р  В  Е  Н  Ь  И  Ж  Л
Е  С  Л  І  Т  Т  Є  У  Е  Ч  Г  Ж  Х  Ь
З  Т  Е  Л  Д  В  Г  С  Е  Р  Е  Д  А  Я
Е  О  Н  Я  О  Е  Ф  Р  С  І  Ч  Е  Н  Ь
Н  П  Д  В  Е  Р  Е  С  Е  Н  Ь  Н  У  С
Ь  А  А  І  Л  Л  К  І  У  Ч  П  Ь  Л  Е
І  Д  Р  В  И  Ю  Е  В  Ж  Б  М  О  Є  Р
Б  Ц  Ь  Т  П  И  Т  Р  І  Х  О  М  О  П
Б  Е  М  О  Е  М  А  И  Р  Т  У  Т  С  Е
Ь  І  Т  Р  Н  М  О  А  Й  І  Е  Т  А  Н
Ч  М  О  О  Ь  М  І  С  Я  Ц  Ь  Н  Ф  Ь
І  Щ  Д  К  Ж  О  В  Т  Е  Н  Ь  П  Ь  У
```

СЕРПЕНЬ	ВІВТОРОК
КВІТЕНЬ	БЕРЕЗЕНЬ
КАЛЕНДАР	СЕРЕДА
НЕДІЛЯ	МІСЯЦЬ
ЛЮТИЙ	ЛИСТОПАД
СІЧЕНЬ	ЖОВТЕНЬ
ЧЕТВЕР	СУБОТА
ЛИПЕНЬ	ТИЖДЕНЬ
ЧЕРВЕНЬ	ВЕРЕСЕНЬ
ПОНЕДІЛОК	

36 - Championnat

```
М П Е Р Е М О Г А Х Ґ Г Ж Т
О У Ґ У Х Ж Ч Е М П І О Н У
Т Р Е Н Е Р Щ Ж Р Е Б Ш Ш Р
И Л І Т Ц И Т П У Л Д Ч Ш Н
В І Г Т Т П Ш И Н Е В А Х І
А Г П Н П С У Д Д Я Ц И Л Р
Ц А Х Ч Е М П І О Н А Т Я Ь
І П І Т Ю Ч Т О У О Щ Є Я С
Я И П М Ж Л І Г Р И Ж Б С Е
У А Ф І Н А Л І С Т А Н Г У
В И Т Р И В А Л І С Т Ь Ь Щ
Х К Х Х Д С Т Р А Т Е Г І Я
Ґ Г Е Ґ К О М А Н Д А Е И Щ
Ф В И К О Н А Н Н Я Е М К А
```

ЧЕМПІОН	МЕДАЛЬ
ЧЕМПІОНАТ	МОТИВАЦІЯ
ВИТРИВАЛІСТЬ	ВИКОНАННЯ
ТРЕНЕР	СПОРТ
КОМАНДА	СТРАТЕГІЯ
ФІНАЛІСТ	ТУРНІР
ІГРИ	ПІТ
СУДДЯ	ПЕРЕМОГА
ЛІГА	

37 - Pirates

```
П А П У Г А А Л Е Г Е Н Д А
П Ц У М Е Ч С Ж Я К К С Н Е
В У Д Є О К Е А Н А І Б Е Ж
Ш І Г Ь І Н Ц Ґ О П П П Б К
Ш М И Д Я Н Е Ц Е І А Р Е Ч
П О Г А Н И Й Т У Ж А З Б
Д С І Є З Н К Ґ И А Ш П П К
П Р И Г О Д А Ф Г Н Є О Е К
Е О Я І Л С Р Б Р Я А Р К Н
Ч М М Ш О І Т А Ф Т К Д А Х
Е Е Я Р Т Ь А Р Л Ь Г І Н С
Р Д Х А О А Ґ Ц І Ґ Я Х Р У
А Ч Ж М С К А Р Б В Ф І Р Щ
А У І Л П Л Я Ж А В Я Т Щ І
```

ЯКІР	ОСТРІВ
ПРИГОДА	ЛЕГЕНДА
КАПІТАН	ПОГАНИЙ
КАРТА	ОКЕАН
ШРАМ	ЗОЛОТО
НЕБЕЗПЕКА	ПАПУГА
ПРАПОР	МОНЕТИ
МЕЧ	ПЛЯЖ
ЕКІПАЖ	РОМ
ПЕЧЕРА	СКАРБ

38 - Activités

```
І Н Т Е Р Е С И М Ф Ж Ф Л Р
З Н М И С Т Е Ц Т В О Ф Р И
В А В П Д Е П П Л Д І О О Б
Р В Д Е О М В Ч У К Г Т З О
Е И Ь О З Л Г І Ч Е Р О С Л
М Ч Є Т В Б Ю С И М И Г Л О
Е К К А І О О В Т П Г Р А В
С А Е Н Л Б Л Т А І О А Б Л
Л М Р Ц Л Ц И Е Н Н Х Ф Л Я
А Г А І Я В Є М Н Г Н І Е Ю
Х Е М Г Е Я Р Ь Я Н О Я Н Ш
Ф Р І П І Є У Д Ч Є Я Л Н Б
И Ю К Б К Я Ш И Т Т Я П Я Ц
П Д А С А Д І В Н И Ц Т В О
```

МИСТЕЦТВО	САДІВНИЦТВО
РЕМЕСЛА	ІГРИ
КЕМПІНГ	ЧИТАННЯ
КЕРАМІКА	ДОЗВІЛЛЯ
ПОЛЮВАННЯ	МАГІЯ
НАВИЧКА	РИБОЛОВЛЯ
ШИТТЯ	ФОТОГРАФІЯ
ТАНЦІ	ЗАДОВОЛЕННЯ
ІНТЕРЕСИ	РОЗСЛАБЛЕННЯ

39 - Fleurs

```
О  Т  Ю  Л  Ь  П  А  Н  С  Ю  Ю  К  Ю  П
Ґ  Р  Б  В  Я  Б  У  З  О  К  Н  Х  Ц  Е
Ь  М  Х  Ь  П  М  А  Г  Н  О  Л  І  Я  Л
Ґ  Р  П  І  В  О  Н  І  Я  П  І  Р  В  Ю
С  Ц  Ш  Ю  Д  М  Л  Д  Ш  Л  Л  О  Р  С
Ю  Ч  Х  Ш  Т  Е  Г  Я  Н  Ю  І  М  Ж  Т
У  Н  П  Х  Т  А  Я  Ф  И  М  Я  А  А  К
К  О  Н  Ю  Ш  И  Н  А  К  Е  Л  Ш  С  А
Г  А  Р  Д  Е  Н  І  Я  Г  Р  А  К  М  Е
Т  Р  О  Я  Н  Д  А  М  Х  І  В  А  И  Р
Д  С  Ь  У  К  Я  М  А  Д  Я  А  Г  Н  А
Р  Д  Г  Н  Ю  Б  У  К  Е  Т  Н  И  Ч  Ч
Г  І  Б  І  С  К  У  С  Т  Ц  Д  О  Я  І
К  У  Л  Ь  Б  А  Б  А  В  Щ  А  Д  Л  Н
```

БУКЕТ	МАК
ГАРДЕНІЯ	ПЕЛЮСТКА
ГІБІСКУС	КУЛЬБАБА
ЖАСМИН	ПІВОНІЯ
ЛАВАНДА	ПЛЮМЕРІЯ
БУЗОК	ТРОЯНДА
ЛІЛІЯ	СОНЯШНИК
МАГНОЛІЯ	КОНЮШИНА
РОМАШКА	ТЮЛЬПАН
ОРХІДЕЯ	

40 - Nourriture #2

```
В О І Ш С Ь В Л К Ш Е Ґ И И
М И Р О В Є Є П У К И Г Ґ І
И Р Н К К Ш Р М Р Ч Ю Н И Р
Г И Д О П Т Щ У К Ц Б С К М
Д Б С Л Г Р И Б А Р И С Б А
А А Ґ А О Р Ф Е Д У І Я І И
Л К Ч Д Ч Б А К Л А Ж А Н В
Ь Е Е П Ч Ь У Д Х Л І Б Г П
Л В Е Ш О К Б Р О К О Л І О
У Ь С Е Л Е Р А М У К І І Х
Ґ Г Ц Н М Г М А Н Г О І В Ф
В А В И Ш Н Я Б Л У К О В Є
У Б Г Ц Е Г Б А Н А Н Н Ю І
І О Ч Я Й Ц Е П О М І Д О Р
```

МИГДАЛЬ	КІВІ
БАКЛАЖАН	МАНГО
БАНАН	ЯЙЦЕ
ПШЕНИЦЯ	ХЛІБ
БРОКОЛІ	РИБА
ВИШНЯ	ЯБЛУКО
СЕЛЕРА	КУРКА
ГРИБ	ВИНОГРАД
ШОКОЛАД	РИС
ШИНКА	ПОМІДОР

41 - Océan

А	Д	Р	К	І	Ш	Ю	Г	І	У	Я	К	И	Т
Ч	К	Е	Ґ	Ч	Ґ	Х	У	Ц	П	Н	Р	Ф	К
Е	И	У	Л	У	Л	В	Б	У	Р	Я	Е	Ц	О
Р	В	С	Л	Ь	Щ	И	К	Р	И	Ф	В	Ш	Р
Е	Я	Т	А	А	Ф	Л	А	П	П	П	Е	П	А
П	И	Р	Ж	Р	Т	І	У	Є	Л	Я	Т	Я	Л
А	К	И	Д	И	Б	Н	Н	Г	И	Ю	К	В	О
Х	Р	Ц	И	Б	А	Н	Ч	И	В	В	И	У	В
А	А	Я	Я	А	А	М	Г	О	И	Ґ	О	Г	И
Щ	Б	С	І	Л	Ь	О	С	Ю	В	Р	Д	О	Й
М	Е	Д	У	З	А	М	Ф	Ш	К	Е	П	Р	Ц
Х	Х	К	Є	Ж	В	О	С	Ь	М	И	Н	І	Г
Т	У	Н	Е	Ц	Ь	Г	Н	Н	М	Е	П	Щ	Ь
Ю	Л	Г	П	Ж	Д	Щ	Б	Т	К	Я	Ш	М	О

ВУГОР	МЕДУЗА
КИТ	РИБА
ЧОВЕН	ВОСЬМИНІГ
КОРАЛОВИЙ	АКУЛА
КРАБ	РИФ
КРЕВЕТКИ	СІЛЬ
ДЕЛЬФІН	БУРЯ
ГУБКА	ТУНЕЦЬ
УСТРИЦЯ	ЧЕРЕПАХА
ПРИПЛИВИ	ХВИЛІ

42 - Remplir

П	В	І	Д	Р	О	Н	Г	П	Т	Р	У	Б	А
В	А	Н	Н	А	В	Д	Я	Л	О	Т	О	К	Ш
Б	Л	П	А	К	Е	Т	Н	Я	Е	Я	Т	О	Т
А	І	Р	К	В	М	Ю	У	Ш	В	К	Ь	Р	Є
С	З	Ч	Щ	А	С	У	М	К	А	И	О	О	Ж
Е	А	К	О	Ш	И	К	Н	А	З	Ш	Ш	Б	Ч
Й	Г	М	Ч	Ґ	Б	О	Ч	К	А	Е	В	К	И
Н	К	О	Н	В	Е	Р	Т	Ц	Г	Н	Е	А	И
Е	У	Я	Х	О	О	Ш	У	Х	Л	Я	Д	А	Е
С	Б	Р	Щ	В	У	Ь	Ь	Т	Б	Ж	И	Н	Е
Ч	Д	Р	А	И	Ч	Б	У	Ж	Н	Г	Ш	У	І
Е	Ч	Р	Д	Е	К	Е	С	В	П	Е	Ю	Д	Я
К	С	И	Г	Ф	Д	М	Л	Ц	Ц	Х	С	І	Д
Ж	Р	І	Ь	Ю	Щ	Ш	Ч	М	Ч	Б	Б	Т	Ґ

ВАННА
БОЧКА
БАСЕЙН
ЯЩИК
ПЛЯШКА
КОРОБКА
ПАПКА
КОНВЕРТ
КОШИК
ПАКЕТ

ЛОТОК
КИШЕНЯ
ГЛЕК
СУМКА
ВІДРО
ШУХЛЯДА
ТРУБА
ВАЛІЗА
ВАЗА

43 - Ballet

```
О  Б  А  Л  Е  Р  И  Н  А  У  М  Х  Т  А
І  Р  Р  Е  П  Е  Т  И  Ц  І  Я  У  А  У
Н  Я  К  Ж  П  Б  Ж  Г  Т  Е  З  Д  Н  Д
Т  Ь  Ф  Е  О  П  Л  Е  С  К  И  О  Ц  И
Е  Я  У  С  С  Т  И  Л  Ь  І  В  Ж  Ю  Т
Н  Н  Х  Т  О  Т  Ґ  О  П  А  И  Н  Р  О
С  А  И  Я  Л  Т  Р  Ш  Ґ  Р  Р  І  И  Р
И  В  Ч  І  О  Щ  Б  І  Ц  О  А  Й  С  І
В  И  Т  О  Н  Ч  Е  Н  И  Й  З  О  Т  Я
Н  Ч  Х  Г  О  Р  У  В  И  Ч  Н  Л  І  Т
І  К  Н  О  Х  И  В  Б  И  Я  И  Є  В  Н
С  А  Б  Ф  М  Т  Ґ  Г  І  Я  Й  Є  Ф  Ч
Т  А  В  К  В  М  У  З  И  К  А  Ь  А  Х
Ь  К  О  М  П  О  З  И  Т  О  Р  О  Т  К
```

ОПЛЕСКИ	ІНТЕНСИВНІСТЬ
ХУДОЖНІЙ	М'ЯЗИ
БАЛЕРИНА	МУЗИКА
НАВИЧКА	ОРКЕСТР
КОМПОЗИТОР	АУДИТОРІЯ
ТАНЦЮРИСТІВ	РЕПЕТИЦІЯ
ВИРАЗНИЙ	РИТМ
ЖЕСТ	СОЛО
ВИТОНЧЕНИЙ	СТИЛЬ

44 - Fruit

```
Ч А Н Ф І Г Ґ Л Г И Ш Ж А С
С Н П Е Р С И К У Р П П К О
Ж А В О К А Д О А Ґ У Ь К Щ
І Н С У Ч Т М Б В О Р Ш П О
М А Н Г О Я А Х А Т Н М А С
Ф С Ц П І Г Л Р П А П А Й Я
К І В І Ю О И В И Ш Н Я В С
В Ю Г Т С Д Н Н Р Н Р Б И Н
Д Ґ Р Ю К А А Ф А С Ґ Л Н Б
А Б Р И К О С Г Ц Л Е У О А
Т О Щ І І Ь Ц Д Л Ц Щ К Г Н
П І К Е Ф Р О П И Ь Ґ О Р А
Н Б Х Л И М О Н Ч Н Г І А Н
О Р А Н Ж Е В И Й Г Я Е Д К
```

АБРИКОС	КІВІ
АНАНАС	МАНГО
АВОКАДО	ДИНЯ
ЯГОДА	НЕКТАРИН
БАНАН	ОРАНЖЕВИЙ
ВИШНЯ	ПАПАЙЯ
ЛИМОН	ПЕРСИК
ФІГ	ГРУША
МАЛИНА	ЯБЛУКО
ГУАВА	ВИНОГРАД

45 - Surf

Ю	Ь	Г	Е	Н	О	В	А	Ч	О	К	П	К	К
Е	Т	Ш	Ш	Д	К	Ф	Р	И	Ф	Д	І	Ц	И
Я	Е	У	Т	Ч	Е	М	П	І	О	Н	Н	С	Р
П	О	Г	О	Д	А	С	Щ	І	Х	Н	А	Ь	И
В	В	Б	Ж	О	Н	Ч	М	К	Ь	Я	Х	Р	П
Е	С	И	Т	К	С	П	О	Р	Т	С	М	Е	Н
С	І	И	О	Ь	Х	В	И	Л	Я	Д	М	Є	Ж
Е	Р	І	Л	І	У	Е	Е	И	Н	Н	П	Р	Л
Л	Л	Ф	О	А	Я	Ч	Г	С	Щ	А	Ш	С	П
О	Ґ	Р	Т	Х	В	С	Щ	Є	Л	Т	Г	У	Н
Щ	Ч	О	П	Л	А	В	А	Т	И	О	Ф	Л	Ч
І	Б	Я	Ш	Л	У	Н	О	К	І	В	У	Щ	У
П	О	П	У	Л	Я	Р	Н	И	Й	П	П	М	К
С	Т	И	Л	Ь	Ф	Ж	В	Н	С	С	Н	М	Л

ВЕСЕЛОЩІ	ПЛАВАТИ
СПОРТСМЕН	ОКЕАН
ЧЕМПІОН	ВЕСЛО
НОВАЧОК	ПЛЯЖ
ШЛУНОК	ПОПУЛЯРНИЙ
СИЛА	РИФ
НАТОВП	СТИЛЬ
ПОГОДА	ХВИЛЯ
ПІНА	

46 - Technologie

П	Г	І	П	Т	Ж	Ш	Д	Я	Ь	Щ	Н	В	Б
О	Щ	Є	Ґ	С	И	Ч	Е	И	Ч	Г	Д	Ґ	Л
В	Ц	И	Ф	Р	О	В	И	Й	С	Щ	О	Ю	Ь
І	В	К	О	М	П	Ю	Т	Е	Р	П	С	А	Ш
Д	Ж	Ш	К	В	Л	Ю	С	Ґ	У	І	Л	Е	А
О	В	Г	Р	Щ	Ц	А	К	Д	А	Н	І	Е	В
М	У	Ь	Я	И	Ч	Б	Л	О	Г	Т	Д	Л	Й
Л	І	Ж	Ф	Б	Ф	А	Й	Л	Г	Е	Ж	Є	Г
Е	Ц	У	І	О	А	Т	Я	Ж	Д	Р	Е	А	С
Н	К	К	А	М	Е	Р	А	У	Ґ	Н	Н	А	С
Н	Е	Р	Б	Е	З	П	Е	К	А	Е	Н	В	П
Я	Б	Р	А	У	З	Е	Р	Р	А	Т	Я	В	В
Я	Г	Ц	Й	Н	К	У	Р	С	О	Р	Г	Х	Ю
Т	Ю	Е	Т	С	Т	А	Т	И	С	Т	И	К	А

ДИСПЛЕЙ
БЛОГ
КАМЕРА
КУРСОР
ДАНІ
ЕКРАН
ФАЙЛ
ІНТЕРНЕТ
ПОВІДОМЛЕННЯ

БРАУЗЕР
ЦИФРОВИЙ
БАЙТ
КОМП'ЮТЕР
ШРИФТ
ДОСЛІДЖЕННЯ
БЕЗПЕКА
СТАТИСТИКА

47 - Comédie

```
А  В  М  К  Ц  Ш  Г  К  Ч  Р  Б  Ґ  Ж  А
І  У  Е  И  Б  І  У  К  Л  О  У  Н  И  К
Ф  М  Д  С  Ю  Ю  М  П  Т  З  К  Ф  Е  Т
Ф  Ч  П  И  Е  Х  О  Ф  Е  У  А  Д  С  О
В  Ю  Ю  Р  Т  Л  Р  Ь  А  М  Ж  Ж  Ф  Р
Б  М  І  Є  О  О  О  Щ  Т  Н  Ф  А  У  І
С  У  Ш  П  М  В  Р  Щ  Р  И  В  К  Н  Ґ
М  Т  А  В  В  Ь  І  І  І  Й  Ж  Т  Д  Г
І  Ц  Ц  І  В  Я  Н  З  Я  Ж  А  Р  Т  И
Х  Х  С  Ю  В  В  И  Р  А  З  Н  И  Й  У
П  А  Р  О  Д  І  Я  К  С  Ц  Р  С  П  Ш
О  П  Л  Е  С  К  И  Р  М  Д  І  А  О  У
Я  Т  Е  Л  Е  Б  А  Ч  Е  Н  Н  Я  Н  Г
Ь  М  Д  Ш  Ц  Т  А  Т  У  Ф  Н  Х  И  Х
```

АКТОР	ГУМОР
АКТРИСА	ІМПРОВІЗАЦІЯ
ВЕСЕЛОЩІ	РОЗУМНИЙ
ОПЛЕСКИ	ПАРОДІЯ
ЖАРТИ	АУДИТОРІЯ
КЛОУНИ	СМІХ
ВИРАЗНИЙ	ТЕЛЕБАЧЕННЯ
ЖАНР	ТЕАТР

48 - Météo

```
М  Л  В  Р  М  П  Є  У  Ю  К  К  Ю  О  А
І  Я  П  Е  У  Т  Г  Б  І  Ч  Л  Т  Т  Т
О  Ц  Б  Ш  С  У  Х  І  Р  Х  І  І  Ч  М
Х  С  Ґ  Ж  О  Е  Ю  Ґ  Т  Б  М  Т  Д  О
Н  Ж  Я  Ю  Н  Ш  Л  Ю  У  У  А  Ш  Г  С
В  Т  В  І  Т  Е  Р  К  М  Р  Т  Ч  Д  Ф
Г  Р  И  М  Т  О  Р  Н  А  Д  О  О  М  Е
П  О  Л  Я  Р  Н  И  Й  Н  Б  Р  И  З  Р
Н  П  Щ  П  О  С  У  Х  А  Т  В  Б  Ю  А
Н  І  У  Р  А  Г  А  Н  М  Щ  Ю  Ч  И  Ю
Е  Ч  Є  Т  Е  М  П  Е  Р  А  Т  У  Р  А
Б  Н  Я  Ж  Я  Ф  У  Е  Я  Р  Л  Я  Ц
О  И  Ц  К  Ь  Ц  Б  С  Х  Ф  Ш  А  Х  А
В  Й  Є  Щ  Е  С  П  О  К  І  Й  Н  И  Й
```

ВЕСЕЛКА	УРАГАН
АТМОСФЕРА	ПОЛЯРНИЙ
БРИЗ	СУХІ
ТУМАН	ПОСУХА
СПОКІЙНИЙ	ТЕМПЕРАТУРА
НЕБО	БУР
КЛІМАТ	ГРИМ
ЛІД	ТОРНАДО
МУСОН	ТРОПІЧНИЙ
ХМАРА	ВІТЕР

49 - Châteaux

```
П Д Р А К О Н К Щ К К Д Г Л
А С Т І Н А П А Л Л І И Р Ш
Л В Е Ж А М Р Т И К О Н А Я
А Ф Т Щ Ь Р И А Ц Д Ф А Ь Б
Ц Х Х Ф Ь М Н П А Є Ґ С Р Р
Ч П Є И Ц У Ц У Р Д Є Т А О
П Ф Е О Д А Л Л Т И Ь І В Н
Р О І Л К Г Ц Ь Р Н О Я Т Я
И Р Ь М Ф Л П Т К О Р О Н А
Н Т Н І П О Є А М Р Є Ч Н Ь
Ц Е Я Л В Е В Е Г І Ю Л Ю Ь
Е Ц К Ґ Ф А Р Щ М Г У М М Г
С Я Ь Ж Н С Е І И Р М Е Ч С
А Х Є Б П Д В І Я Т Ґ Б Ґ О
```

БРОНЯ	МЕЧ
ЩИТ	ФЕОДАЛ
КАТАПУЛЬТА	ФОРТЕЦЯ
КІНЬ	ЄДИНОРІГ
ЛИЦАР	СТІНА
КОРОНА	ПАЛАЦ
ДРАКОН	ПРИНЦ
ДИНАСТІЯ	ПРИНЦЕСА
ІМПЕРІЯ	ВЕЖА

50 - Randonnée

В	А	Ж	К	И	Й	Ґ	О	Б	К	О	О	Т	Ж
К	О	Д	И	К	И	Й	Е	У	Е	І	Щ	Ю	Х
К	Ф	Д	А	О	Є	Д	П	Е	М	К	Щ	Ф	М
Х	Ґ	С	А	М	Л	М	Г	Ь	П	Н	Я	Ш	В
В	Ю	К	И	К	Д	Щ	К	Л	І	М	А	Т	Щ
Х	Ю	П	О	Г	О	Д	А	Т	Н	Д	С	Н	Л
Р	А	Р	Щ	Ш	Е	В	Х	Т	Г	Г	О	Р	А
Г	Ж	И	В	Т	О	М	И	В	С	Я	Н	Я	П
Щ	О	Р	І	Є	Н	Т	А	Ц	І	Я	Ц	К	А
Б	У	О	И	О	В	С	В	Л	К	Х	Е	А	Р
Ґ	Н	Д	С	А	М	І	Т	А	А	Ю	Х	М	К
Д	Т	А	Ч	О	Б	О	Т	И	Р	Д	Ч	Е	И
Н	Е	Б	Е	З	П	Е	К	И	Т	И	Ц	Н	Я
П	І	Д	Г	О	Т	О	В	К	А	Ю	Н	І	Н

ТВАРИН
ЧОБОТИ
КЕМПІНГ
КАРТА
КЛІМАТ
НЕБЕЗПЕКИ
ВОДА
ВТОМИВСЯ
ВАЖКИЙ
ПОГОДА

ГОРА
ПРИРОДА
ОРІЄНТАЦІЯ
ПАРКИ
КАМЕНІ
ПІДГОТОВКА
ДИКИЙ
СОНЦЕ
САМІТ

51 - Meubles

```
Л Н У Я И К П Я С Ц О Ш Ф Т
І В Я Б Я Д Р О Ф Ф У Т О Н
Ж Ю Д Ю Т П Ж І Д Я К О Б Е
К Ш Р Р П Ч Ш Ґ С У Р Р Х Ж
О Щ П О Д У Ш К А Л Ш И О К
Д З Е Р К А Л О Д Ь О К О П
Ґ Н Е Ь И Д А В Б Ґ Ж А И О
Н Я Я Г О Є В Д И В А Н К Л
М А Т Р А Ц А Л Ю Ж В Ч И И
У Є Ф Ч Ф К Н Г Ь Г Ц У Л Ц
Ж В П У Ф Л О А І Е І Ж И І
П Щ С Ч М Ф Р М Е У Ь Т М Т
Л А М П А Ґ Н А О А П П О Ю
С Р Г Б М Ю К К Р Д У У К Ч
```

ЛАВА	ГАМАК
БЮРО	ЛАМПА
ДИВАН	ЛІЖКО
КРІСЛО	МАТРАЦ
КОМОД	ДЗЕРКАЛО
ПОДУШКИ	ПОДУШКА
ПОЛИЦІ	ШТОРИ
ФУТОН	КИЛИМОК

52 - Art

```
К А Р Т И Н И Т Ш П И О Я Д
П О Е З І Я Е І В Р Ю С Ь К
К Л Я С К Л А Д П О Ц О Г Ш
С Е Ґ О Д Г Ч А Н С Р Б Н Ж
І Р Р Б Н В В Г А Т П И П Р
М Ґ О А А Р Д Ф С И Р С Т І
А С Р К М Н Я Р Т Й Е Т С И
В Т И Ш Я І С П Р Б Д И Ш Ґ
И Б Г М С П Ч С І Ґ М Й Ж А
Р Б І А В О Ш Н Й У Е Щ Н Р
А С Н Ф Щ О Ч Ґ І Щ Т Ц Е Л
З Г А С К У Л Ь П Т У Р А Ч
С К Л А Д Н И Й Ч Е С Н И Й
С Ю Р Р Е А Л І З М Н Є Я Г
```

КЕРАМІЧНІ	КАРТИНИ
СКЛАДНИЙ	ОСОБИСТИЙ
СКЛАД	ПОЕЗІЯ
ТВОРИТИ	СКУЛЬПТУРА
ВИРАЗ	ПРОСТИЙ
ЧЕСНИЙ	ПРЕДМЕТ
НАСТРІЙ	СЮРРЕАЛІЗМ
ОРИГІНАЛ	СИМВОЛ

53 - Nutrition

```
И  У  Е  У  Б  З  Є  П  У  О  Ш  А  С  Б
Е  Ж  Г  Н  Р  Ь  Д  І  Є  Т  А  П  П  Ч
І  Ж  Щ  Т  О  Ь  С  О  У  С  Ж  Е  Е  С
Д  Ж  С  О  Д  Ц  Г  Х  Р  О  Ь  Т  Ц  Н
Н  Ц  Я  К  І  С  Т  Ь  У  О  О  И  І  Н
О  Я  Ґ  С  Н  Т  Р  Ж  Б  Ц  В  Т  Ї  Б
І  Я  Є  И  Н  Г  І  Р  К  И  Й  Я  Б  Р
Ц  У  У  Н  Я  З  Д  О  Р  О  В  И  Й  М
А  Р  О  М  А  Т  И  К  А  Л  О  Р  І  Й
Ч  З  Б  А  Л  А  Н  С  О  В  А  Н  И  Й
Ї  С  Т  І  В  Н  И  Й  И  М  В  У  Р  А
В  У  Г  Л  Е  В  О  Д  І  В  А  Г  Щ  Х
Т  Р  А  В  Л  Е  Н  Н  Я  Д  Г  Ц  Г  Ь
Б  І  Л  К  И  М  У  В  І  Т  А  М  І  Н
```

ГІРКИЙ	РІДИНИ
АПЕТИТ	ВАГА
КАЛОРІЙ	БІЛКИ
ЇСТІВНИЙ	ЯКІСТЬ
ДІЄТА	ЗДОРОВИЙ
ТРАВЛЕННЯ	ЗДОРОВ'Я
СПЕЦІЇ	СОУС
ЗБАЛАНСОВАНИЙ	АРОМАТ
БРОДІННЯ	ТОКСИН
ВУГЛЕВОДІВ	ВІТАМІН

54 - Science Fiction

```
Т Е Х Н О Л О Г І Я Е У І В
У У А Н Т И У Т О П І Я Л И
І П Ґ С Ц Е Н А Р І Й В Ю Б
С О Г Ф Л Ц А Є У Б Ґ Н З У
П В Ь Ф Ю Д Г М І О Ж И І Х
Ч Л І А Т О М Н И Й Б Й Я Г
Д Ґ А Т Н Б Д И В О Г О Н Ь
Ц П Ц Н Р Ґ М Ч У Т О П І Я
О Х У М Е О Є И Ф Х А Л Д Е
К Н И Г И Т Б Й Е П Ю Я І Д
І Г К Ш Х Ж А О Р А К У Л Р
Н Ґ Р Е А Л І С Т И Ч Н И Й
О Ф У Т У Р И С Т И Ч Н И Й
Г А Л А К Т И К А Щ О С Н Л
```

АТОМНИЙ	СВІТ
КІНО	ТАЄМНИЧИЙ
АНТИУТОПІЯ	ОРАКУЛ
ВИБУХ	ПЛАНЕТА
ВОГОНЬ	РЕАЛІСТИЧНИЙ
ФУТУРИСТИЧНИЙ	РОБОТИ
ГАЛАКТИКА	СЦЕНАРІЙ
ІЛЮЗІЯ	ТЕХНОЛОГІЯ
УЯВНИЙ	УТОПІЯ
КНИГИ	

55 - Vertus #1

П	Т	Е	Ч	Д	И	Ц	М	Ш	Н	К	В	Ф	Н
Ч	Р	О	З	У	М	Н	И	Й	А	С	И	І	Е
Ж	О	И	Я	К	Ч	Т	Я	С	Д	К	Р	Е	З
Е	Я	Г	С	Х	К	Ц	Б	Х	І	Р	І	Ф	А
Л	С	Ю	І	Т	Ц	І	Ґ	У	Й	О	Ш	Е	Л
К	П	Д	І	М	Р	К	И	Д	Н	М	А	К	Е
Ч	И	С	Т	И	Й	А	В	О	І	Н	Л	Т	Ж
М	У	Д	Р	И	Й	В	С	Ж	Ь	И	Ь	И	Н
Ґ	П	Р	А	К	Т	И	Ч	Н	И	Й	Н	В	И
Л	Р	И	Ь	И	М	Й	Ч	І	И	Х	И	Н	Й
Щ	Е	Д	Р	И	Й	Г	Ю	Й	А	Й	Й	И	Ш
Ч	А	Р	І	В	Н	И	Й	И	Ґ	Ь	Ж	Й	Ґ
П	А	Ц	І	Є	Н	Т	Х	О	Р	О	Ш	И	Й
К	О	Р	И	С	Н	И	Й	У	Щ	Г	Л	Щ	С

ХУДОЖНІЙ	РОЗУМНИЙ
ХОРОШИЙ	СКРОМНИЙ
ЧАРІВНИЙ	ПРИСТРАСНИЙ
ЦІКАВИЙ	ПАЦІЄНТ
ВИРІШАЛЬНИЙ	ПРАКТИЧНИЙ
ЕФЕКТИВНИЙ	ЧИСТИЙ
НАДІЙНІ	МУДРИЙ
ЩЕДРИЙ	КОРИСНИЙ
НЕЗАЛЕЖНИЙ	

56 - Professions #1

```
Є Х П Р А С Т Р О Н О М М А
Б М І С А Н Т Е Х Н І К Е Д
У Л А Щ Л А Ц Д Г Б Є А Д В
М Ґ Н Я С О Г А Е А Ж Я С О
И И І Т А Ж П К О Н Г У Е К
Ю Є С Б Р С Ч Т Л К И С С А
П В Т Л Г Е Щ О О І Р Н Т Т
С Є Е В И Е Н Р Г Р Р К Р Щ
И У І Л Ч В Ч Е Н И Й Ю А Е
Х Ч Р И І Т Е У Р П О С О Л
О П Ц Ф Г Р Ґ Ц Я Н В Ф И І
Л У Е Щ К Ц Ц И Ь Ж Е Щ Я К
О П О Ж Е Ж Н И К Р Ф О Ф А
Г Т А Н Ц Ю Р И С Т Х И Ш Р
```

ПОСОЛ	ГЕОЛОГ
АСТРОНОМ	МЕДСЕСТРА
АДВОКАТ	ЛІКАР
БАНКІР	ПІАНІСТ
ЮВЕЛІР	САНТЕХНІК
МИСЛИВЕЦЬ	ПОЖЕЖНИК
ТАНЦЮРИСТ	ПСИХОЛОГ
ТРЕНЕР	ВЧЕНИЙ
РЕДАКТОР	

57 - Géologie

```
Ґ  К  К  И  С  Л  О  Т  А  М  Т  Б  Ш  К
Ю  Г  В  О  Б  Є  В  Щ  М  І  В  К  У  Р
Д  Е  Ш  А  Р  Л  А  В  А  Н  И  Ж  С  И
Ш  Й  Х  Н  Р  А  М  Е  Ж  Е  К  Б  Т  С
Н  З  К  І  Д  Ц  Л  Р  Ж  Р  О  К  А  Т
Д  Е  О  А  С  А  З  О  Н  А  П  А  Л  А
Е  Р  Ж  Я  Л  К  Н  З  В  Л  Н  М  А  Л
С  І  Л  Ь  Е  Ь  В  І  И  И  И  І  К  И
П  Л  А  Т  О  Є  Ц  Я  Ч  Ф  Й  Н  Т  Т
Ь  П  Е  Ч  Е  Р  А  І  Р  Ч  Н  Ь  И  Ч
А  С  Г  П  Х  Е  А  К  Й  Ц  Б  Є  Т  С
Ш  В  У  Л  К  А  Н  Ш  Ь  М  Р  Е  І  Т
К  О  Н  Т  И  Н  Е  Н  Т  Ґ  И  У  С  Л
Щ  П  Б  С  Т  А  Л  А  Г  М  І  Т  И  В
```

КИСЛОТА	ЛАВА
КАЛЬЦІЙ	МІНЕРАЛИ
ПЕЧЕРА	КАМІНЬ
КОНТИНЕНТ	ПЛАТО
КОРАЛОВИЙ	КВАРЦ
ШАР	СІЛЬ
КРИСТАЛИ	СТАЛАКТИТ
ЕРОЗІЯ	СТАЛАГМІТИ
ВИКОПНИЙ	ВУЛКАН
ГЕЙЗЕР	ЗОНА

58 - Cirque

```
Е  Н  М  Л  І  К  Л  О  У  Н  М  М  А  Г
И  К  І  О  Є  О  Г  С  Щ  Щ  У  А  П  С
С  Л  О  Н  Ч  С  Н  Л  П  У  З  В  М  Х
Щ  Е  Ю  Ь  Ц  Т  Ц  А  Я  Ч  И  П  Т  Ю
С  В  Б  В  Ь  Ю  А  С  М  Д  К  А  Т  І
Р  О  Ь  Б  Ж  М  К  Ґ  П  Е  А  Х  Ю  Я
М  О  Є  Ф  В  А  Р  Ж  О  Б  Т  Ч  Ц  Ю
Ф  В  З  Ц  В  Г  О  Р  К  Б  І  Ч  У  Б
С  К  Ц  В  Ч  І  Б  П  А  Р  А  Д  К  Д
Т  І  У  У  А  Я  А  М  З  Б  В  Ф  Е  Ч
М  Ґ  С  В  Ф  Ж  Т  Б  А  Ю  Н  М  Р  Ь
Т  В  А  Р  И  Н  А  Р  Т  Ч  Ґ  В  К  Б
Ж  О  Н  Г  Л  Е  Р  Т  И  Г  Р  Ф  И  Р
И  Е  Ґ  В  У  Е  К  В  И  Т  О  К  Щ  І
```

АКРОБАТ	МАГ
ТВАРИН	МАГІЯ
КВИТОК	ПОКАЗАТИ
ЦУКЕРКИ	МУЗИКА
КЛОУН	ПАРАД
КОСТЮМ	МАВПА
РОЗВАЖАТИ	ГЛЯДАЧ
СЛОН	НАМЕТ
ЖОНГЛЕР	ТИГР
ЛЕВ	

59 - Jardin

Т	Т	Н	Х	Р	П	Ч	С	Е	Е	Ф	Ф	Е	Г
Ф	Р	Б	Е	Л	Ф	И	О	В	А	О	Р	Т	П
Б	Г	А	З	О	Н	Ш	Л	А	Н	Г	У	Г	А
Г	С	Т	В	З	Б	Д	Ь	П	А	Р	К	А	Н
А	А	У	Ц	А	Ґ	Е	Ь	Б	Ю	Ф	Т	Р	И
М	Д	Т	І	Б	У	Р	Я	Н	І	В	О	А	Л
А	Я	М	С	О	Щ	Е	У	К	С	Ґ	В	Ж	Ж
К	В	І	Т	К	А	В	М	Н	Ч	Ш	И	Т	Ц
К	У	Щ	Ь	К	Л	О	П	А	Т	А	Й	Г	Р
В	І	Н	А	Ж	А	О	М	Ж	Е	С	С	Р	К
Я	У	Б	Ґ	Ю	В	П	В	Т	Р	Г	А	А	Е
Д	У	Н	П	К	А	А	Т	В	А	Є	Д	Б	Ж
Д	Ґ	К	Е	Ь	А	Х	В	Н	С	Ю	Х	Л	Ю
С	Т	А	В	О	К	У	Ґ	Ь	А	Т	Е	І	М

ДЕРЕВО	БУР'ЯНІВ
ЛАВА	ЛОПАТА
КУЩ	ГАЗОН
ПАРКАН	ГРАБЛІ
СТАВОК	ҐРУНТ
КВІТКА	ТЕРАСА
ГАРАЖ	БАТУТ
ГАМАК	ШЛАНГ
ТРАВА	ФРУКТОВИЙ САД
САД	ЛОЗА

60 - Barbecues

```
Л К Щ Ф С А Л А Т И Х П М Д
С О У С І Н П Я Щ Щ Щ Х У І
Ц Я Б Ч Л О Ь И И У А Д З Т
Е И Б І Ь Ж І Ф Р У К Т И И
Б А Б Ґ Д І Г Р И Л Ь Є К И
Е А П У Б Я Р У Ю І Г Н А Н
Н Л О И Л Ж И Ю Ш Б А І Р Ц
К І М М Ж Я В П А М Р Т Х Ч
У Т І Б И Б Г Е Ц У Я Р Ф Щ
Р О Д И Н А О Р Ч Х Ч І О М
К Х О Т Я І Л Е В Е Е Ґ М Ґ
А Ч Р У М Ю О Ц И Ь Р Щ В Д
І Ґ И Т Ю Т Д Ь Ь Н Р Я Ш А
О В О Ч І У Ф Щ Є О Ґ Ш Б К
```

ГАРЯЧЕ	ІГРИ
НОЖІ	ОВОЧІ
ОБІД	МУЗИКА
ВЕЧЕРЯ	ЦИБУЛЯ
ДІТИ	ПЕРЕЦЬ
ЛІТО	КУРКА
ГОЛОД	САЛАТИ
РОДИНА	СОУС
ФРУКТ	СІЛЬ
ГРИЛЬ	ПОМІДОРИ

61 - Anniversaire

Є	Щ	Ц	П	Т	М	О	Л	О	Д	И	Й	Ч	П
З	Н	Щ	І	П	Н	У	В	О	К	Х	П	А	О
А	К	А	Р	Т	К	И	Д	Я	Г	А	С	С	Д
П	І	С	Н	Я	Р	Я	С	Р	Ю	Г	Л	Ь	А
Р	В	Л	Н	Ф	Д	Ґ	С	Я	І	Ш	О	Ь	Р
О	Е	И	А	Ч	Д	Р	У	З	І	С	Ш	Л	У
Ш	С	В	Р	У	С	В	І	Ч	К	И	Т	Ш	Н
Е	Е	И	О	Д	Е	Н	Ь	К	Б	А	Ж	Ь	О
Н	Л	Й	Д	О	С	О	Б	Л	И	В	И	Й	К
Н	О	Т	И	В	Р	А	Д	І	С	Н	И	Й	К
Я	Щ	О	В	И	К	А	Л	Е	Н	Д	А	Р	Д
О	І	Р	С	Й	Є	С	А	П	М	Т	Н	І	Т
Б	Д	Т	Я	Щ	Д	Н	И	Г	С	А	Ь	І	Н
Л	Щ	Ґ	С	В	Я	Т	К	У	В	А	Н	Н	Я

ДРУЗІ	ЩАСЛИВИЙ
ВЕСЕЛОЩІ	ЗАПРОШЕННЯ
РІК	МОЛОДИЙ
СВІЧКИ	ДЕНЬ
ПОДАРУНОК	РАДІСНИЙ
КАЛЕНДАР	НАРОДИВСЯ
КАРТКИ	МУДРІСТЬ
ПІСНЯ	ОСОБЛИВИЙ
СВЯТКУВАННЯ	ЧУДОВИЙ
ТОРТ	ЧАС

62 - Animaux de Compagnie

Н	К	Р	О	Л	И	К	Х	В	І	С	Т	Я	В
Є	Х	О	П	И	Х	Ж	К	О	М	І	Р	Щ	Е
Щ	Є	Є	Р	А	Б	Л	Ф	Д	Ф	Ф	І	І	Т
Т	Ї	Ч	М	О	П	Щ	Ц	А	У	Х	Е	Р	Е
О	Ж	П	Е	С	В	У	Ч	Ж	Ж	Д	Н	К	Р
Д	А	Ш	Л	Є	А	А	Г	М	І	У	Ч	А	И
Д	Ц	Ц	Д	Я	Ц	Ц	Ь	А	С	Ч	Л	Ц	Н
Д	И	Ь	Ц	А	Е	О	С	Ю	Щ	Р	Д	Є	А
Ч	Е	Р	Е	П	А	Х	А	К	У	Ц	И	Є	Р
Ж	Л	А	П	И	Ґ	О	Х	І	К	У	Р	Б	Ґ
И	Ґ	М	Р	Д	У	М	И	Ш	А	Ц	Ф	Ф	А
Л	К	О	Ш	Е	Н	Я	Ш	К	Ш	Е	Я	Є	Ш
К	О	З	А	Ґ	Ь	К	Ґ	А	Г	Н	Ґ	Д	Р
А	Я	І	Ц	Б	К	Ь	В	И	К	Я	Є	П	Л

КІШКА	ЇЖА
КОШЕНЯ	ЛАПИ
КОЗА	ПАПУГА
ПЕС	РИБА
ЦУЦЕНЯ	ХВІСТ
КОМІР	МИША
ВОДА	ЧЕРЕПАХА
ХОМ'ЯК	КОРОВА
КРОЛИК	ВЕТЕРИНАР
ЯЩІРКА	

63 - Forêt Tropicale

```
Д  И  Т  Е  Ґ  Ь  С  С  А  В  Ц  І  У
М  Ж  І  Л  Ґ  Ґ  П  І  Ч  М  И  Ц  П  И
О  М  Д  Н  И  Х  Ф  Ж  Ч  Ф  Д  Т  Р  П
Х  Л  Л  Т  Б  О  Т  А  Н  І  Ч  Н  И  Й
П  Р  И  Т  У  Л  О  К  Ж  Б  К  А  Р  Б
Г  П  П  О  В  А  Г  А  Г  І  О  Ф  О  Р
Ц  Ф  Л  Т  Я  Ф  Ш  Х  Л  Ї  Р  Є  Д  К
Ф  І  Щ  В  А  Ч  У  Е  К  Л  І  М  А  Т
Н  А  Н  У  Р  Х  М  А  Р  И  Н  Г  Ь  И
К  Ф  О  Н  Ю  Ч  Т  Д  Ж  У  Н  Г  Л  І
Ц  О  П  Щ  И  Ш  П  У  Л  И  І  Є  Л  Ю
Н  Щ  М  Ф  Є  Й  Г  Р  О  М  А  Д  А  Щ
Б  Н  А  А  З  Б  Е  Р  Е  Ж  Е  Н  Н  Я
Г  Ь  Ь  Г  Х  В  И  Ж  И  В  А  Н  Н  Я
```

АМФІБІЇ	МОХ
БОТАНІЧНИЙ	ПРИРОДА
КЛІМАТ	ХМАРИ
ГРОМАДА	ПТАХ
ВИД	ЦІННИЙ
КОРІННІ	ЗБЕРЕЖЕННЯ
КОМАХ	ПРИТУЛОК
ДЖУНГЛІ	ПОВАГА
ССАВЦІ	ВИЖИВАННЯ

64 - Insectes

```
Щ Х Р О Б А К Р Ц Ж Ж Ш Т Ц
У Е С Ч У М Г А И У Л Е А Г
С Г Ш Ж О Р М И Д К И Р Р Ц
О Ц Р О Ж Р Я П С Щ Ч Ш Г Б
Ч С А Р А Н А Я Ц В И Е А Б
П О П Е Л И Ц Я Ю Н Н Н Н А
А Н Щ Ю М Е Т Е Л И К Ь О Б
А Е Я Д У Р Б Б Л Ф А С Т К
П Ч Є Б Р Ж Д О Л Ц П Ж Е А
Н К О М А Р Ж С Г О Ж Б Р Щ
Т О О К Х І О А Н О Х К М О
Х Г М Н А Н Л С А Ж М А І Т
Х О К Ж И Ь А Р Т Г Н О Т Ю
Ш Ж Ґ Ц И К А Д А К П Ш Л К
```

БДЖОЛА	БОГОМОЛ
ТАРГАН	ГНАТ
ЦИКАДА	КОМАР
СОНЕЧКО	МЕТЕЛИК
САРАНА	БЛОХА
МУРАХА	ПОПЕЛИЦЯ
ШЕРШЕНЬ	КОНИК
ОСА	ЖУК
ЛИЧИНКА	ТЕРМІТ
БАБКА	ХРОБАК

65 - Ferme #1

```
К Х Є И К О Р О В А Т О М Р
З У Б Р І И І Е О І Е К Ш Л
Г А Р Л Н Ґ Ю Я Д С Л І Ґ Л
Р Ф И К Ь Ф Д С А І Я Ш А О
А Х С І А Ж К Ь У Н Я К К Л
Я У Ю Б Т Д Б Д Ж О Л А О Ж
Е Х Ш П Г Ь О Д Т А Е Д З Ж
Є Ф М Е А Н Ц Ч О Ш І Ґ А Ц
П М В С Ф Р Н Е С Б О Ґ Ю П
П Е П О Л Е К А В О Р О Н А
Я Д Я О С Е Л А И Ф Щ И Л О
І Ж М П Ю Х Г С Н Є У Щ В С
Є Ж С Д П Щ Н Є Я Т Ч Ґ К О
У Є В П Х Ш Б С П С О Н В Ь
```

БДЖОЛА	ВОРОНА
ОСЕЛ	ВОДА
ЗУБР	ДОБРИВО
ПОЛЕ	СІНО
КІШКА	МЕД
КІНЬ	КУРКА
КОЗА	РИС
ПЕС	ЗГРАЯ
ПАРКАН	КОРОВА
СВИНЯ	ТЕЛЯ

66 - Escalade

```
Е Ж В Н А В Ч А Н Н Я Т И А
В К А Р Т А О Т Ч У Л Р Б С
Г У С Є Е А Б М Д Ґ С А Ф Т
Т І З П Р Х О О К Ю Т В К П
С Ф В Ь Е І Т С К Д А М К Е
Є І Ж Ж К Р И Ф Щ П Б А Ґ Ч
Г З Т И В И Т Е Ч Р І Д Т Е
С И Л А Ґ И Й Р Ш О Л О М Р
Я Ч М К Ж Ґ Я А Ф Б Ь Т Ґ А
У Н В И С О Т А Н Л Н Б Є Т
К И Ь В Ч Б Щ А І Е І Р Ц Д
И Й Ц Ш О Т Р О К М С Н Н Ж
Р У К А В И Ч К И И Т П Н Е
Ц І К А В І С Т Ь Є Ь А В Є
```

ВИСОТА	ЕКСПЕРТ
АТМОСФЕРА	ВУЗЬКИЙ
ТРАВМА	СИЛА
ЧОБОТИ	НАВЧАННЯ
КАРТА	РУКАВИЧКИ
ШОЛОМ	ПЕЧЕРА
ЦІКАВІСТЬ	ФІЗИЧНИЙ
ПРОБЛЕМИ	СТАБІЛЬНІСТЬ

67 - École #2

```
М А Т Е М А Т И К А Н С П Я
Д І Я Л Ь Н І С Т Ь А Я А Ц
В Г Ь О Н О Ж И Ц І В И П Б
Ч Р А Д Л О Ж О П М Ч Є І І
И И Б Н Б І С О П Ф А Г Р Б
Т Ф Т Є Д В В В М Ь Н Р К Л
Е М Ш А Х Ш Є Е І Н Н А О І
Л У Ф К Н И Г И Ц Т Я М М О
Ь Ф О Ю Ж Н В Е Н Ь А А П Т
Н Ж Д А И Н Я А Я Р Е Т Ю Е
А В Т О Б У С Б М Ж Ч И Т К
К А Л Е Н Д А Р Ц С Р К Е А
Л І Т Е Р А Т У Р А Ю А Р М
Н А У К А Ф Ж С Л О В Н И К
```

ДІЯЛЬНІСТЬ	ГРАМАТИКА
НАВЧАННЯ	ІГРИ
БІБЛІОТЕКА	ЧИТАННЯ
АВТОБУС	ЛІТЕРАТУРА
КАЛЕНДАР	КНИГИ
НОЖИЦІ	МАТЕМАТИКА
ОЛІВЕЦЬ	КОМП'ЮТЕР
СЛОВНИК	ПАПІР
ВЧИТЕЛЬ	НАУКА
ОСВІТА	

68 - Antarctique

```
М І Г Р А Ц І Я Л Я П М К Р
Ж К Ґ Є В Ш М Б Ь Ф О А О Ц
П Л І А Ц Ь Ц У О Г С Ґ В Є
Д І Ч Ь С Е Р Е Д О В И Щ Е
Т П В О Е А Б С О І У Р С Д
Б Б Х О Ь Ф А М В О Д А С О
Г У Е К С П Е Д И Ц І Я П С
Ґ Ж Х И С Т Х И К І В Л Е Л
М Д В Т Ж А Р С І И Е І Г І
Д Н Л Щ А Х Ж І В Д Т Д Ю Д
Н А У К О В И Й В Я Щ І Щ Н
Ж Т Р А Е О С Т Р І В Ш В И
Б Г Ь М І Н Е Р А Л И П Х К
С К Е Л Я С Т И Й П А Щ И Б
```

БУХТА	ОСТРІВ
КИТІВ	МІГРАЦІЯ
ДОСЛІДНИК	МІНЕРАЛИ
ВОДА	ПТАХ
СЕРЕДОВИЩЕ	ПІВОСТРІВ
ЕКСПЕДИЦІЯ	СКЕЛЯСТИЙ
ЛІД	НАУКОВИЙ
ЛЬОДОВИКІВ	

69 - Professions #2

```
С Д Е Т Е К Т И В Л Б І О О
В А П І Л О Т Д Е Ж І І О М
И С Д І Н Ж Е Н Е Р О К Є М
Н Т Ф І Л О С О Ф З Л В А Ґ
А Р Х Л В А І У Т О О М Т Р
Х О І Ю Л Н Я Ч Я О Г Л Н Л
І Н Р С В Ч И Т Е Л Ь К І І
Д А У Т Ь А Л К И О П В М Н
Н В Р Р Л Ф О Т О Г Р А Ф Г
И Т Г А Ж У Р Н А Л І С Т В
К Ф С Т О М А Т О Л О Г Ц І
Х У Д О Ж Н И К Ч У І Ю Ф С
Т Л У Р Д О С Л І Д Н И К Т
Б І Б Л І О Т Е К А Р Ю Ц Ґ
```

АСТРОНАВТ	ВИНАХІДНИК
БІБЛІОТЕКАР	САДІВНИК
БІОЛОГ	ЖУРНАЛІСТ
ДОСЛІДНИК	ЛІНГВІСТ
ХІРУРГ	ЛІКАР
СТОМАТОЛОГ	ХУДОЖНИК
ДЕТЕКТИВ	ФІЛОСОФ
ВЧИТЕЛЬ	ФОТОГРАФ
ІЛЮСТРАТОР	ПІЛОТ
ІНЖЕНЕР	ЗООЛОГ

70 - Les Abeilles

```
Я К Б Ь П Б Н Д О Ю З Д В Б
Ф Р У К Т И Ш Ч Е І А К И Щ
І И Б Н Е П Л Ь У К П О Г К
И Л Ї Ж А Д Х О Д Я И Р І Й
Ґ А Є Ч Щ И Р Г К Ь Л О Д Я
В У Л И К М О Ж П П Ь Л Н Ґ
Щ Д Ц Р О С Л И Н И Н Е И О
К О М А Х А И Ц В Х И В Й Ь
Е К О С И С Т Е М А К А Ю Ю
И Ф І О П К Ж Д М Ґ Ц Ф Л Ф
Ю М Ж Н Є Х Ц В І Т Р М Е Д
У Ч Щ Ц П Н Ш І К В І Т И Ф
В Д М Е П Т Ч С А Д Н І П В
П Ф Ф У Х Д П К А Н Є У Ж Н
```

КРИЛА	САД
ВИГІДНИЙ	МЕД
ВІСК	ЇЖА
РІЙ	РОСЛИНИ
ЕКОСИСТЕМА	ПИЛОК
ЦВІТ	ЗАПИЛЬНИК
КВІТИ	КОРОЛЕВА
ФРУКТ	ВУЛИК
ДИМ	СОНЦЕ
КОМАХА	

71 - Dinosaures

З	К	Ч	У	Ш	Ц	П	З	Т	І	Л	Р	О	Л
Г	Е	Р	М	А	М	О	Н	Т	Х	Д	О	Е	Я
В	С	М	И	М	Х	Т	И	Щ	В	О	З	В	Ш
Ж	Д	Ш	Л	Л	Я	У	К	В	І	І	М	Е	К
Ґ	И	Ц	Л	Я	А	Ж	Н	М	С	С	І	Л	Д
Е	П	О	Р	О	Ч	Н	Е	Т	Т	Т	Р	И	Щ
Е	В	Б	Р	Л	Я	И	Н	Р	Ю	О	Е	Ч	Х
В	С	Ь	Ц	Ф	К	Й	Н	А	Є	Р	П	Е	П
О	Е	Ю	Ж	Б	И	Д	Я	В	И	И	Т	З	Ч
Л	Ї	Л	Ч	Е	Ю	Ж	Ю	О	І	Ч	И	Н	Г
Ю	Д	И	И	В	И	Д	Ш	Ї	И	Н	Л	И	Д
Ц	Н	Т	Я	К	Я	М	Ц	Д	С	И	І	Й	Я
І	И	К	Л	Я	И	И	М	Н	Т	Й	Я	П	Н
Я	Й	Т	И	Л	Щ	Й	Щ	І	Л	Ч	С	Ц	В

КРИЛА
ЗНИКНЕННЯ
ВИД
ВЕЛИЧЕЗНИЙ
ЕВОЛЮЦІЯ
ВЕЛИКИЙ
ТРАВОЇДНІ
МАМОНТ

ВСЕЇДНИЙ
ДОІСТОРИЧНИЙ
ПОТУЖНИЙ
ХВІСТ
РЕПТИЛІЯ
РОЗМІР
ЗЕМЛЯ
ПОРОЧНЕ

72 - Automne

```
У  С  Е  К  Ц  Р  Ц  П  Ь  М  Ґ  Х  Г  Щ
Ф  Н  М  Щ  У  Б  Г  Ю  Ж  О  Л  У  Д  Ь
К  Л  І  М  А  Т  П  Р  И  Р  О  Д  А  Р
А  Ю  Щ  І  П  Я  Я  П  Ж  О  Ц  Л  П  І
Ш  В  Ф  С  О  О  Ш  Б  О  З  П  Ж  М  В
Т  Д  К  Я  Ц  Р  Ж  Е  Л  Г  В  Е  І  Н
А  Ь  Я  Ц  Ж  Ц  Ю  Е  П  У  О  В  Г  О
Н  Л  Е  І  Б  Н  Ф  Н  Ж  М  К  Д  Р  Д
И  С  Е  З  О  Н  Н  И  Й  Ґ  К  А  А  Е
Ф  Р  У  К  Т  О  В  И  Й  С  А  Д  Ц  Н
С  Г  Ґ  Л  И  С  Т  Я  Н  И  Й  О  І  Н
Ф  Е  С  Т  И  В  А  Л  Ь  М  Л  Д  Я  Я
Ю  П  П  Ь  І  Я  Ю  Ж  Ч  А  П  Я  Є  Л
Б  Ш  І  Б  Ь  Ь  Р  Т  Е  С  Г  Г  Є  Н
```

ЛИСТЯНИЙ	ПОГОДА
КАШТАНИ	МІГРАЦІЯ
КЛІМАТ	МІСЯЦІ
РІВНОДЕННЯ	ПРИРОДА
ФЕСТИВАЛЬ	ЯБЛУКА
ПОЖЕЖ	СЕЗОННИЙ
МОРОЗ	ФРУКТОВИЙ САД
ЖОЛУДЬ	ОДЯГ

73 - Conduite

```
В  М  Б  С  Щ  Е  Ж  Е  Щ  М  Т  Н  Л  В
А  О  Е  К  Г  М  Ф  Г  П  О  Р  Е  І  Щ
Н  Т  З  П  А  Л  И  В  О  Т  А  Б  Ц  Т
Т  О  П  О  З  Р  Н  А  Ц  О  Н  Е  Е  П
А  Ц  Е  Л  Л  Т  Г  Ь  Р  С  З  Н  І
Ж  И  К  І  С  Є  У  А  Г  Щ  П  П  З  Ш
І  К  А  Ц  О  Н  Н  Л  А  А  О  Е  І  О
В  Л  О  І  Ц  Ч  Е  Ь  Р  Е  Р  К  Я  Х
К  Я  Е  Я  Ґ  Л  Л  М  А  Н  Т  А  І  І
А  В  А  Р  І  Я  Ь  А  Ж  М  С  М  Н  Д
Ф  Б  Б  Щ  Т  Ш  В  И  Д  К  І  С  Т  Ь
Д  О  Р  О  Г  А  Т  Р  А  Ф  І  К  П  Ф
А  В  Т  О  М  О  Б  І  Л  Ь  В  Є  И  Б
Н  Ж  О  Д  Ц  К  Е  Л  П  У  Г  Х  І  У
```

АВАРІЯ	МОТОЦИКЛ
ВАНТАЖІВКА	ПІШОХІД
ПАЛИВО	ПОЛІЦІЯ
КАРТА	ДОРОГА
НЕБЕЗПЕКА	БЕЗПЕКА
ГАЛЬМА	ТРАФІК
ГАРАЖ	ТРАНСПОРТ
ГАЗ	ТУНЕЛЬ
ЛІЦЕНЗІЯ	ШВИДКІСТЬ
МОТОР	АВТОМОБІЛЬ

74 - Plantes

К	В	І	Т	К	А	К	В	Ж	А	Е	Ц	Щ	К
П	В	Н	К	И	Д	О	Б	Р	И	В	О	Ш	У
К	Л	А	Р	Я	К	Р	К	А	К	Т	У	С	Щ
Л	І	Ю	С	Г	Ь	І	А	Ю	В	Ь	Г	Ж	А
П	С	Ч	Щ	О	Ф	Н	С	Б	А	М	Б	У	К
Д	Е	Щ	М	Д	Л	Ь	А	О	Р	О	С	Т	И
Е	Ф	Л	И	А	О	Я	Д	Т	Н	Х	Я	Т	У
Р	Т	И	Ю	Щ	Р	Р	І	А	Ч	У	Ч	Р	Б
Е	Р	С	Ш	С	А	Ч	Ц	Н	Х	Ж	О	Х	Щ
В	А	Т	Є	Н	Т	П	М	І	У	Б	Р	Ю	Ь
О	В	Я	І	Ц	Ґ	К	У	К	П	Д	С	К	Щ
М	А	Ґ	С	К	Г	Ш	А	А	Е	Я	Р	Б	П
Р	О	С	Л	И	Н	Н	І	С	Т	Ь	В	Є	М
А	Ч	В	Ґ	Ш	Ж	Д	П	Ґ	Е	В	Ш	К	Р

ДЕРЕВО	ЛІС
ЯГОДА	РОСТИ
БАМБУК	КВАСОЛЯ
БОТАНІКА	ТРАВА
КУЩ	САД
КАКТУС	ПЛЮЩ
ДОБРИВО	МОХ
ЛИСТЯ	ПЕЛЮСТКА
КВІТКА	КОРІНЬ
ФЛОРА	РОСЛИННІСТЬ

75 - Ferme #2

```
Я  Ь  Т  С  І  Д  Ь  Ґ  Н  Ь  К  Ю  Ґ  У
К  Я  Ї  Ж  А  Ц  Л  Е  Ю  Л  У  Г  Г  Ь
В  Б  Є  Д  П  Р  Е  А  Ю  Т  К  Т  О  Е
Ш  И  Ж  Д  Ш  А  Ґ  Ф  Р  У  К  Т  М  М
Ь  Ч  А  Е  Е  М  Ь  Й  Е  А  Р  П  Г  О
А  Н  Ь  З  Н  А  В  Т  Р  К  У  А  У  Л
Т  В  А  Р  И  Н  І  Ч  М  Т  Д  С  С  О
М  У  Д  О  Ц  Р  В  В  Е  О  З  Т  Ц  К
К  Л  Т  Ш  Я  О  Ц  С  Р  Р  А  У  Ю  О
А  И  Ц  Е  Г  В  Я  Г  Н  Я  Л  Х  Ю  Б
Ч  К  Х  Н  І  О  Р  Х  К  П  И  А  Ґ  А
К  К  Я  Н  Я  Ч  М  І  Н  Ь  Ч  Ц  М  Ь
А  Г  Х  Я  Ь  Ґ  А  Ц  Ф  Л  М  Ц  Г  А
Ф  Р  У  К  Т  О  В  И  Й  С  А  Д  М  Ь
```

ЯГНЯ	ЛАМА
ФЕРМЕР	ОВОЧ
ТВАРИН	КУКУРУДЗА
ПАСТУХ	ВІВЦЯ
ПШЕНИЦЯ	ЇЖА
КАЧКА	ЯЧМІНЬ
ФРУКТ	ЛУГ
САРАЙ	ВУЛИК
ЗРОШЕННЯ	ТРАКТОР
МОЛОКО	ФРУКТОВИЙ САД

76 - École #1

```
И Я М А Т Е М А Т И К А Е Ю
Ф І А К Л В Е С Е Л О Щ І І
Б Ю Р О Б Ф І С П И Т И Г Ж
Д Ж К Е Ж И А О Л І В Е Ц Ь
Ґ Р Е У Д Ю Ф В Ш К Н И Г И
А Д Р У З І С П І Г Ю Ф Щ О
П Е И Ь Б Д Ж А Ґ Т Ч Ь Ь У
Ь И П Б К В Т П К Л А С Р Ч
Н В С Ч Р У Ч К И Ґ Ш М И Ж
Ф П Ч А И П Е И К Р І С Л О
А Л Ґ Л Т Ю Р Х Т Р Є Ю Х Б
П А П І Р И К Ґ Ж Е П Н Г І
Б І Б Л І О Т Е К А Л Т Ю Д
В І Д П О В І Д І Б И Ь Ь Ь
```

АЛФАВІТ
ДРУЗІ
ВЕСЕЛОЩІ
БІБЛІОТЕКА
БЮРО
КРІСЛО
ОЛІВЕЦЬ
РУЧКИ
ОБІД
ПАПКИ

ВЧИТЕЛЬ
ІСПИТИ
ПИСАТИ
КНИГИ
МАРКЕРИ
МАТЕМАТИКА
ПАПІР
ВІДПОВІДІ
КЛАС

77 - Vacances #2

```
Р П Р И З Н А Ч Е Н Н Я Ю Е
П О Ї З Д І Н О З Е М Е Ц Ь
Л С Б Р О Н Ю В А Н Н Я А Р
Я Т Ф К Ф Г О Т Е Л Ь П Ь Е
Ж Р Л Е Е В І З А М О Р Е С
Р І Ж Р И М Б І У Р Д С Я Т
С В Я Т О В П А С П О Р Т О
П О Д О Р О Ж І М Ю З Б Д Р
А Е Р О П О Р Т Н Х В Ґ Ю А
И П Е Ш Н Н Б П Ґ Г І Я П Н
Д Ь Я І Ж А Х П Ґ Р Л Ь А Ю
К А Р Т А М И Щ Ж В Л Ж Я Д
Т А К С І Е Ю А Є Ф Я В Б Ю
Д Ю Ш Х Н Т Р А Н С П О Р Т
```

АЕРОПОРТ	ПЛЯЖ
КЕМПІНГ	РЕСТОРАН
КАРТА	БРОНЮВАННЯ
ПРИЗНАЧЕННЯ	ТАКСІ
ІНОЗЕМЕЦЬ	НАМЕТ
ГОТЕЛЬ	ПОЇЗД
ОСТРІВ	ТРАНСПОРТ
ДОЗВІЛЛЯ	СВЯТО
МОРЕ	ВІЗА
ПАСПОРТ	ПОДОРОЖ

78 - Temps

```
И  П  С  Т  О  Л  І  Т  Т  Я  Ю  В  Д  Ж
Ю  О  Х  И  Є  Р  Щ  Т  Ш  М  Ф  Ґ  Я  Ь
Р  Л  Д  Ж  З  А  Р  А  З  А  Т  Ґ  Н  М
І  У  Е  Д  Е  Н  Ь  Р  Х  У  Г  Ю  И  Щ
К  Д  С  Е  О  О  К  М  В  Ч  О  Р  А  О
А  Е  Я  Н  А  К  П  А  И  Є  Д  Н  П  Р
Д  Н  Т  Ь  Ю  Я  С  Й  Л  В  И  Є  І  І
Ь  Ь  И  Є  Т  Ч  Ґ  Б  И  Е  Н  Г  С  Ч
Ч  Т  Л  М  Б  В  Ґ  У  Н  Х  Н  О  Л  Н
Д  М  І  С  Я  Ц  Ь  Т  А  Ц  И  Д  Я  И
У  М  Т  Б  Ж  Ю  Л  Н  Л  І  К  И  А  Й
Ж  А  Т  П  Т  А  Д  Є  Щ  А  Б  Н  Л  Р
Л  І  Я  Є  Т  С  Р  Д  П  Я  Я  А  Л  Л
С  К  О  Р  О  Б  В  Р  Х  Н  Ш  Ь  С  А
```

РІК	ГОДИННИК
ЩОРІЧНИЙ	ДЕНЬ
ПІСЛЯ	ЗАРАЗ
ДО	РАНОК
СКОРО	ПОЛУДЕНЬ
КАЛЕНДАР	ХВИЛИНА
ДЕСЯТИЛІТТЯ	МІСЯЦЬ
МАЙБУТНЄ	НІЧ
ГОДИНА	ТИЖДЕНЬ
ВЧОРА	СТОЛІТТЯ

79 - Maison

Р	О	Ь	К	С	Т	Е	Л	Я	Д	М	У	С	О
О	М	К	Л	Ю	Ч	І	Г	Р	Я	І	С	Т	А
Ґ	Ю	У	Б	Ж	Б	К	С	Г	П	Т	Я	І	Д
В	Б	Х	К	І	М	Н	А	Т	А	Л	Ь	Н	К
Ю	Е	Н	И	П	Б	Н	Ж	Л	Р	А	Я	А	Б
Ц	Р	Я	С	А	Д	Л	В	Г	К	Т	Є	К	Д
К	А	М	І	Н	А	А	І	С	А	Ч	Д	Е	Ь
И	К	Г	М	Ґ	Х	М	К	О	Н	Х	З	Р	Р
Л	Д	У	Ш	Г	І	П	Н	П	Т	Б	Е	А	Ш
И	Г	Ж	Т	Р	О	А	О	Д	В	Е	Р	І	Ж
М	К	А	О	Ч	Д	Р	К	Н	Л	П	К	П	С
О	Р	Н	Р	І	Е	Л	И	І	Ч	Ч	А	А	Т
К	Д	Ґ	И	А	Е	Ґ	И	Щ	И	У	Л	Г	І
У	Д	Д	Ю	И	Ж	Ф	Д	Д	Е	С	О	С	И

МІТЛА	ГОРИЩЕ
БІБЛІОТЕКА	САД
КІМНАТА	ЛАМПА
КАМІН	ДЗЕРКАЛО
КЛЮЧІ	СТІНА
ПАРКАН	СТЕЛЯ
КУХНЯ	ДВЕРІ
ДУШ	ШТОРИ
ВІКНО	КИЛИМОК
ГАРАЖ	ДАХ

80 - Légumes

```
Ц Ч И Н В С П Ю Ч Я М Є Х Р
Б И Ш Н І С Л П М Ь О Г Ч Е
А Ф Б Р О К О Л І Г Р И Б Д
К Ш В У Щ Ч Ш Ь Х Д К Е Д И
Л А В Х Л Н О Х Б В В Б Р С
А Л Р Ц О Я Х Д Ч Щ А Т Х А
Ж О І Т С Е Л Е Р А Ш М Ф Л
А Т П Ц И Ш С М Г І С Є Т А
Н Х А И С Ш Г Є Ч Ф Є Н Н Т
Г А Р Б У З О Л И В К А И Ч
О Г І Р О К Р К Ґ Р П И Ю К
Ш П И Н А Т О І М Б И Р Ю Ш
Є С Є В Д Б Х П О М І Д О Р
Х А П Е Т Р У Ш К А А Т Ч Е
```

ЧАСНИК	ШПИНАТ
АРТИШОК	ІМБИР
БАКЛАЖАН	РІПА
БРОКОЛІ	ЦИБУЛЯ
МОРКВА	ОЛИВКА
СЕЛЕРА	ПЕТРУШКА
ГРИБ	ГОРОХ
ГАРБУЗ	РЕДИС
ОГІРОК	САЛАТ
ШАЛОТ	ПОМІДОР

81 - Plage

Х	Н	У	У	М	Л	Р	И	Ф	В	В	В	Ю	Ц
У	Є	С	Р	Щ	Ш	У	Н	Х	Д	І	І	И	Л
Ю	З	С	Ц	К	Ю	Ш	О	О	О	Т	Д	Е	М
Ф	С	Б	И	Є	Ґ	Н	С	К	Є	Р	П	И	Т
М	О	Р	Е	Н	Ю	И	Т	Е	Д	И	У	Р	В
Ч	Н	С	Ґ	Р	І	К	Р	А	Б	Л	С	Щ	Б
И	Ц	Д	А	Ц	Е	Й	І	Н	Р	Ь	Т	Р	Г
І	Е	О	У	Н	И	Ж	В	Ч	И	Н	К	Х	Б
Ґ	Л	К	Ш	И	Д	Г	Ж	Я	Г	И	А	Ґ	М
Ч	О	В	Е	Н	У	А	Ф	Я	Б	К	М	Ґ	Ш
П	Л	А	В	А	Т	И	Л	А	Г	У	Н	А	Щ
Т	Ц	І	І	О	Ц	Н	П	І	С	О	К	Ґ	Х
П	А	Р	А	С	О	Л	Ь	К	А	К	Н	К	В
С	Л	Г	Я	Ґ	Т	О	Е	Ж	Т	У	Б	Ґ	С

ЧОВЕН	ОКЕАН
СИНІЙ	ПАРАСОЛЬКА
УЗБЕРЕЖЖЯ	РИФ
КРАБ	ПІСОК
ДОК	САНДАЛІ
ОСТРІВ	РУШНИК
ЛАГУНА	СОНЦЕ
МОРЕ	ВІДПУСТКА
ПЛАВАТИ	ВІТРИЛЬНИК

82 - Famille

```
К Т Ь Ш Ю Д У П О Ч П Т Б Ю
Д О Ч К А Р Ш Ц Д І Л С А Ю
К У З Е Н У И Л Г Е Е С Т М
Ц Х Н Ч Р Ж О Ш Е Е М Є Ь А
В Н И Ц П И Ґ Е Е М І Б К Т
П Л Е М І Н Н И К Є Н А І Е
Л Г Ж А Б А Б У С Я Н Т В Р
С Е С Т Р А Р Б Х С И Ь С И
Д И Т И Н С Т В О А Ц К Ь Н
Д І Д И Т И Н А О Б Я О К С
Г Є Т П Р Е Д О К Ь Р І И Ь
Я У Е И Ч О Л О В І К А Й К
А Щ Т Д Я Д Ь К О Ф Є А Т И
Т І Т К А Щ Х І М А И Ч Ф Й
```

ПРЕДОК	ЧОЛОВІК
КУЗЕН	МАТЕРИНСЬКИЙ
ДИТИНСТВО	МАТИ
ДИТИНА	ПЛЕМІННИК
ДІТИ	ПЛЕМІННИЦЯ
ДРУЖИНА	ДЯДЬКО
ДОЧКА	БАТЬКІВСЬКИЙ
БРАТ	БАТЬКО
БАБУСЯ	СЕСТРА
ДІД	ТІТКА

83 - Oiseaux

```
Ж Л І П Ч Р М Ш Г О Л У Б В
К Ю Х А Н В З О З У Л Я Х О
Г Я Х П Е Л І К А Н С Ч Ф Р
О Х Ґ У Ш Е П А Б Р С К Л О
Р Р Ш Г Ч Ґ Б Ч Л Е Н Н А Н
О Ж Е А А О Н К Е С А Л М А
Б Ю И Л П М Е А Л В Г Е І П
Е О Б Т Л А Ц А Е М Р Б Н І
Ц Ґ Є В Я Т В С К Ж Д І Г Н
Ь Я Й Ц Е К Ш И А Ч Л Д О Г
К У Р К А А Ф М Ч А Й К А В
С Т Р А У С Т У К А Н А Л І
Б Ґ Б А О О Я Т Ц Ш І Є Ю Н
Ґ Н Ш С О Ь М Т Ц О П К С Н
```

ОРЕЛ	ПІНГВІН
СТРАУС	ГОРОБЕЦЬ
КАЧКА	ЧАЙКА
ЛЕЛЕКА	ЯЙЦЕ
ГОЛУБ	ГУСКА
ВОРОНА	ПАВИЧ
ЗОЗУЛЯ	ПАПУГА
ЛЕБІДКА	ПЕЛІКАН
ФЛАМІНГО	КУРКА
ЧАПЛЯ	ТУКАН

84 - Disciplines Scientifiques

```
Б Е К О Л О Г І Я А Д Є Я Т
І Б І О Х І М І Я С Л Р М Е
О М Т Б Н І Е Є Ю Т І Ш М Р
Л Л А К Я Я Т С Е Р Н М Р М
О К Н А Р Х Е О Л О Г І Я О
Г М А Ю Б І О Ц Б Н В Н З Д
І Е Т Ч І М Р І О О І Е О И
Я Х О Р І І О Т М С Р О Н
П А М Л Я Я Л Л А І Т А Л А
Р Н І Ь О У О О Н Я И Л О М
Р І Я Є Г Г Г Г І І К О Г І
Ю К Г Г Л Ю І І К І А Г І К
Д А О Г Ґ Т Я Я А Е Б І Я А
Ж Е Ф І З І О Л О Г І Я Б Ч
```

АНАТОМІЯ	ЛІНГВІСТИКА
АРХЕОЛОГІЯ	МЕХАНІКА
АСТРОНОМІЯ	МЕТЕОРОЛОГІЯ
БІОХІМІЯ	МІНЕРАЛОГІЯ
БІОЛОГІЯ	ФІЗІОЛОГІЯ
БОТАНІКА	СОЦІОЛОГІЯ
ХІМІЯ	ТЕРМОДИНАМІКА
ЕКОЛОГІЯ	ЗООЛОГІЯ
ГЕОЛОГІЯ	

85 - Émotions

Е	Ґ	З	С	П	О	К	І	Й	Н	И	Й	Г	Х
Ж	М	М	Я	П	Д	К	У	Е	Т	Ч	П	Н	Н
З	Н	І	Ф	Ц	І	О	Я	Х	Х	У	Ь	І	І
А	Д	С	Щ	І	С	В	Б	Л	Ю	Б	О	В	Ж
Д	Е	Т	І	С	Т	О	Ч	Р	Ч	Д	П	С	Н
О	С	Ю	Р	П	Р	И	З	У	О	И	М	М	І
В	Ю	П	О	Н	А	А	М	І	Т	Т	Ю	У	С
О	В	П	О	О	Х	Н	І	Х	Д	Т	А	Т	Т
Л	Х	К	Я	К	О	Д	С	П	Ч	С	Я	О	Ь
Е	П	Щ	Ц	Ч	І	Л	А	Р	Ш	Щ	У	К	А
Н	У	Д	Ь	Г	А	Й	В	Б	Б	І	У	М	Ф
И	В	Д	Я	Ч	Н	И	Й	Л	Я	Ф	П	И	Ю
Й	Ґ	Р	І	П	Е	Ю	Г	П	Е	Ґ	Є	Р	Г
Ч	Ц	Ч	С	В	Н	Щ	Р	А	Д	І	С	Т	Ь

ЛЮБОВ	СТРАХ
СПОКІЙНИЙ	ВДЯЧНИЙ
ГНІВ	ЗАДОВОЛЕНИЙ
ЗМІСТ	СЮРПРИЗ
НУДЬГА	СПІВЧУТТЯ
ДОБРОТА	НІЖНІСТЬ
РАДІСТЬ	СПОКІЙ
МИР	СМУТОК

86 - Géographie

```
Д  М  Н  Є  Р  А  И  У  Ч  Щ  П  Ч  У  Ц
Ж  Е  Ш  Л  Ш  Щ  Т  В  Т  Ґ  П  Б  Т  Ш
Ш  Р  С  Ш  Ш  И  Е  Т  Ц  Г  І  С  П  К
В  И  С  О  Т  А  Р  У  Ж  Д  В  Р  І  О
Г  Д  В  Щ  Ь  Т  И  О  О  Т  Д  Р  В  Н
С  І  І  Щ  Ж  Л  Т  Л  Т  Ь  Е  І  К  Т
Ф  А  Т  Ц  Н  А  О  Д  К  А  Н  Ч  У  И
Д  Н  Г  Р  Ф  С  Р  А  М  Ь  К  Л  Н
Ґ  Ф  А  О  С  Т  І  К  А  Р  Т  А  Я  Е
Ф  Ж  А  К  Р  З  Я  И  Ї  М  О  Р  Е  Н
М  І  С  Т  О  А  А  Ь  Н  Я  Ч  А  Р  Т
Р  Е  Г  І  О  Н  К  Х  А  Ь  Ф  Д  Ґ  Ф
О  К  Е  А  Н  О  М  П  І  В  Н  І  Ч  Б
О  С  Т  Р  І  В  Ц  Р  Н  Д  Ц  С  А  Ґ
```

ВИСОТА	СВІТ
АТЛАС	ГОРА
КАРТА	ПІВНІЧ
КОНТИНЕНТ	ОКЕАН
РІЧКА	ЗАХІД
ПІВКУЛЯ	КРАЇНА
ОСТРІВ	РЕГІОН
ШИРОТА	ПІВДЕНЬ
МОРЕ	ТЕРИТОРІЯ
МЕРИДІАН	МІСТО

87 - Danse

```
К  Б  П  О  С  Т  А  В  А  К  М  Р  К  Ґ
П  Л  Р  Т  Т  Ч  Ю  С  Т  Д  И  И  У  Е
А  А  А  К  А  Д  Е  М  І  Я  С  Т  Л  М
Р  Г  Д  С  В  Р  У  Х  Л  Ж  Т  М  Ь  О
Т  О  І  Ю  И  Т  И  Н  О  И  Е  У  Т  Ц
Н  Д  С  Л  Р  Ч  К  Л  Б  О  Ц  З  У  І
Е  А  Н  Х  А  Є  Н  У  Г  Р  Т  И  Р  Я
Р  Т  И  Ґ  З  В  Ч  И  Л  Ш  В  К  Н  Ь
Е  Ь  Й  Б  Н  Ч  Ш  І  Й  Ь  О  А  И  Т
Ж  Е  Ю  Х  И  Ь  Ж  Г  Р  І  Т  В  Й  Б
В  Ш  Ю  Щ  Й  Ю  Щ  Щ  Ю  Х  О  У  Т  Ч
Т  Р  А  Д  И  Ц  І  Й  Н  И  Й  Ґ  Р  О
Р  Е  П  Е  Т  И  Ц  І  Я  Г  Ь  Б  Ж  А
Х  О  Р  Е  О  Г  Р  А  Ф  І  Я  Г  Я  Я
```

АКАДЕМІЯ	БЛАГОДАТЬ
МИСТЕЦТВО	РАДІСНИЙ
ХОРЕОГРАФІЯ	РУХ
КЛАСИЧНИЙ	МУЗИКА
ТІЛО	ПАРТНЕР
КУЛЬТУРА	ПОСТАВА
КУЛЬТУРНИЙ	РЕПЕТИЦІЯ
ВИРАЗНИЙ	РИТМ
ЕМОЦІЯ	ТРАДИЦІЙНИЙ

88 - Bâtiments

```
М Ф Ч Т Н А М Е Т К В И Ж У
Ю У К В А Р Т И Р А І И Ж Н
Ж Л З Ш М Р В Е Ж А О Н Є І
У А Ч Е Л Д Ц З А М О К О В
В Б К Х Й Ч И П В Т Ю Д Л Е
П О С О Л Ь С Т В О Р Р І Р
П Р Г А Р А Ж Ш К О Л А К С
С А Р А Й Л Г О Т Е Л Ь А И
Т Т Б Ф А Б Р И К А Ч Ґ Р Т
А О Т Ц Т Ф У Ь Р Л Н Т Н Е
Д Р Д К Ш К А Б І Н А Г Я Т
І І Е Г С С М Є А Ґ Р Я Н С
О Я О Б С Е Р В А Т О Р І Я
Н С У П Е Р М А Р К Е Т Д Ц
```

ПОСОЛЬСТВО	ЛАБОРАТОРІЯ
КВАРТИРА	МУЗЕЙ
КАБІНА	ОБСЕРВАТОРІЯ
ЗАМОК	СТАДІОН
КІНО	СУПЕРМАРКЕТ
ШКОЛА	НАМЕТ
ГАРАЖ	ТЕАТР
САРАЙ	ВЕЖА
ЛІКАРНЯ	УНІВЕРСИТЕТ
ГОТЕЛЬ	ФАБРИКА

89 - Pêche

```
Т К У Х А Р В О Д А У Т В А
Е Л М Ш О К К Ч Ь К Х Н А Р
Р Г Ч Ю Ґ З Т Д Ф О Н С Г С
П І І Ь О К Е А Н Ш Щ Я А С
І Л Ч Н Б Я Щ Р Т И Щ В Ф Ж
Н Х О К Л Х Є Е О К Ф М Е Є
Н Е В Г А К Г Н Л М И Л П Е
Я Ж Е Б Д Р І Т С Е З О Н Н
Б Ц Н Д Н Р Ґ Г Б І П Л Я Ж
Н В І О А С Ч В Щ Ж Л А Е С
Г Ж К Є Н П Р И Н А Д А О Щ
Б И Л У Н Х Н В Ф І Т Х Г Х
Ц Н К З Я Б Р А Ь К Т Ч Ґ Ц
П Е Р Е Б І Л Ь Ш Е Н Н Я Ж
```

ПРИНАДА	РІЧКА
ЧОВЕН	ОЗЕРО
ЗЯБРА	ЩЕЛЕПА
ГАК	ОКЕАН
КУХАР	КОШИК
ВОДА	ТЕРПІННЯ
ПЕРЕБІЛЬШЕННЯ	ПЛЯЖ
ОБЛАДНАННЯ	ВАГА
ДРІТ	СЕЗОН

90 - Activités et Loisirs

```
Х  Ю  Г  Ш  О  Ч  П  У  Ц  Є  Ш  С  Ф  Ч
Х  К  С  Ч  Ю  Ь  Ч  І  М  А  Б  А  Ш  Ш
П  Л  А  В  А  Н  Н  Я  Р  Ф  Л  Д  Ф  Р
Р  И  Б  О  Л  О  В  Л  Я  Н  Н  І  Ю  У
М  И  С  Т  Е  Ц  Т  В  О  П  А  В  Ж  Р
Ю  К  А  Щ  Б  И  Ж  Ц  Х  Г  А  Н  Щ  Д
Х  Ф  В  К  Д  Ф  У  Т  Б  О  Л  И  Н  С
С  Е  Р  Ф  І  Н  Г  Е  Ф  Л  Ф  Ц  Ґ  Я
Х  О  Б  І  Т  Я  Ю  Н  Є  Ь  А  Т  І  К
К  Е  М  П  І  Н  Г  І  М  Ф  Н  В  Щ  Г
Щ  П  Ц  Є  Б  Е  Й  С  Б  О  Л  О  М  Ф
Б  К  Р  Щ  В  О  Л  Е  Й  Б  О  Л  Ю  Н
Ю  Ю  Т  Ґ  Ф  Ж  К  У  Ц  Б  Л  А  Ц  С
У  І  Я  Ц  Б  Б  А  С  К  Е  Т  Б  О  Л
```

МИСТЕЦТВО	ПЛАВАННЯ
БЕЙСБОЛ	ХОБІ
БАСКЕТБОЛ	РИБОЛОВЛЯ
БОКС	ПІРНАННЯ
КЕМПІНГ	СЕРФІНГ
ФУТБОЛ	ТЕНІС
ГОЛЬФ	ВОЛЕЙБОЛ
САДІВНИЦТВО	

91 - Livres

Л	С	Х	Г	С	Ц	К	Р	П	В	Д	К	Ж
І	Т	Щ	У	Е	І	С	Т	О	Р	І	Я	О	В
Т	О	Ю	М	Р	И	Б	Є	Л	И	Д	К	Л	І
Е	Р	В	О	І	Ч	А	Ю	Р	Г	П	О	Е	Р
Р	І	Ж	Р	Я	Ю	И	И	В	О	О	Н	К	Ш
А	Н	Ф	И	О	І	Д	Т	К	Д	В	Т	Ц	Т
Т	К	Є	С	Ф	П	Ц	Р	А	А	І	Е	І	Р
У	А	В	Т	О	Р	О	М	І	Ч	Д	К	Я	А
Р	Т	А	И	Є	Х	Т	В	Р	Ф	Н	С	Н	Г
Н	Х	Л	Ч	Т	Ч	Н	Ш	І	О	І	Т	С	І
И	Ю	Р	Н	Б	О	Ц	Л	Ж	Д	М	У	О	Ч
Й	А	Я	И	П	О	Е	З	І	Я	А	А	А	Н
Т	Н	Р	Й	Е	П	О	П	Е	Ї	Т	Ч	Н	И
М	А	П	А	М	Н	А	П	И	С	А	Н	А	Й

AВТОР
ПРИГОДА
КОЛЕКЦІЯ
КОНТЕКСТ
НАПИСАНА
ЕПОПЕЇ
ІСТОРІЯ
ГУМОРИСТИЧНИЙ
ЧИТАЧ

ЛІТЕРАТУРНИЙ
ОПОВІДАЧ
СТОРІНКА
ВІДПОВІДНІ
ВІРШ
ПОЕЗІЯ
РОМАН
СЕРІЯ
ТРАГІЧНИЙ

92 - Pays #2

```
Г Н У Е С К Л Б І С С К Т Ф
А Г Ь Г Л А О С Н Р О И Ч Р
Ї Л І В А Н Н Я Д О М Т А А
Т Б Р Г Н Н Е Ж О С А А Х Н
І Я Л Х С У Д А Н І Л Й Ч Ц
П М А Ь Р Ц А А Е Я І Ч Ж І
Е А Н С О У Н Ь З Ч Ц Н И Я
Н Й Д О Ю П І Б І Е Б Ц У Ф
Щ К І Ч Д Д Я С Я А К Ю К Я
Щ А Я В П Щ І И Ч О Е Ю Р М
М Е К С И К А Р Є С Н И А Л
А Л Б А Н І Я І Д К І Ґ Ї Г
Х Д У Л Р Т А Я Ф О Я Ш Н И
Я П О Н І Я П А К И С Т А Н
```

АЛБАНІЯ	ЛАОС
КИТАЙ	ЛІВАН
ДАНІЯ	МЕКСИКА
ФРАНЦІЯ	УГАНДА
ГАЇТІ	ПАКИСТАН
ІНДОНЕЗІЯ	РОСІЯ
ІРЛАНДІЯ	СОМАЛІ
ЯМАЙКА	СУДАН
ЯПОНІЯ	СИРІЯ
КЕНІЯ	УКРАЇНА

93 - Fournitures d'Art

```
А П Д И Д Д Ц Г Ч Г Д Х Е У
К К А К М Д В Л О Я Н Є О Л
А Р В С І У О И В Л И Щ Н Р
М І П А Т Є Д Н И К І Т Ф Б
Е С Ш Т Р Е А А Ч О М В Г Я
Р Л П И Х Е Л М Я Л О О Ц Г
А О Е Щ Ю О Л І Я Ь Л Р І І
Ф А Р Б И Ш Ю І Т О Ь Ч Щ Д
А К Р И Л О В И Й Р Б І М Е
Ф Л Г У М К А Ґ Ф И Е С Ф Ї
П Е Д І П А П І Р Ч Р Т Я Р
Ц Й А Я Щ І Т К А Ю Т Ь І І
Ч О Р Н И Л О Т А Б Л И Ц Я
Ц Б Ґ Ф П Ф Ю Ґ Е Е О С Ь Ф
```

АКРИЛОВИЙ	ТВОРЧІСТЬ
АКВАРЕЛІ	ВОДА
ГЛИНА	ЧОРНИЛО
ЩІТКА	ГУМКА
КАМЕРА	ОЛІЯ
КРІСЛО	ІДЕЇ
МОЛЬБЕРТ	ПАПІР
КЛЕЙ	ПАСТЕЛІ
КОЛЬОРИ	ФАРБИ
ОЛІВЦІ	ТАБЛИЦЯ

94 - Jouets

```
Б  Г  І  Є  Ч  І  В  У  Б  В  І  В  М  Р
Ю  А  Г  Л  Ф  Ж  Ц  Я  Д  Е  Е  А  Г  Е
У  Ж  Р  О  Б  О  Т  В  Я  Л  У  Н  О  М
И  Л  И  А  Г  Ю  К  А  Л  О  Є  Т  Л  Е
Щ  І  Ю  Ю  Б  Л  Ж  Х  Щ  С  М  А  О  С
Ґ  Т  П  Б  А  А  И  К  Г  И  Ж  Ж  В  Л
С  А  В  М  Л  Н  Н  Н  Х  П  Ч  І  О  А
Ч  К  М  Я  Я  Е  Е  И  А  Е  Д  В  Л  Ф
О  Д  Ь  Г  Л  У  Н  Г  К  Д  М  К  О  А
В  Ж  Є  Ю  Ь  А  Д  И  Л  К  Я  А  М  Р
Е  Ґ  Х  Е  К  Ф  У  Я  Й  Ґ  Ч  Ю  К  Б
Н  Ю  Е  Р  А  Ш  А  Х  И  О  Ф  Ш  А  И
И  Є  Х  П  О  Ї  З  Д  Ю  П  С  Ч  Є  Щ
А  В  Т  О  М  О  Б  І  Л  Ь  Б  Р  Л  Ш
```

ГЛИНА	КНИГИ
РЕМЕСЛА	ФАРБИ
ЛІТАК	ЛЯЛЬКА
М'ЯЧ	ГОЛОВОЛОМКА
ЧОВЕН	РОБОТ
ВАНТАЖІВКА	БАРАБАНИ
ШАХИ	ПОЇЗД
УЛЮБЛЕНИЙ	ВЕЛОСИПЕД
УЯВА	АВТОМОБІЛЬ
ІГРИ	

95 - Eau

А	Ю	В	В	Ж	Я	П	І	М	Б	Ч	К	В	Ґ
В	Ю	Ч	І	Ґ	К	К	Л	У	Г	Б	І	И	Ґ
Т	У	В	О	Л	О	Г	І	С	Т	Ь	Д	П	Д
Ь	І	Н	Ц	І	Р	К	Д	О	Ц	Г	О	А	П
М	И	Л	Л	П	Н	І	Е	Н	Р	Я	Щ	Р	Ц
І	А	Ж	Щ	Д	О	Х	Ч	А	Б	Т	К	О	О
И	М	О	Р	О	З	В	И	К	Н	Ь	Є	В	Г
Ф	Г	Щ	Х	Є	Р	И	І	С	А	М	Д	У	Ш
У	Ж	І	Ф	Ф	О	Л	Б	Н	К	Г	Т	В	Є
Р	Х	Я	Х	М	Ш	І	Я	І	Ь	Ґ	П	А	Р
А	Г	Е	Й	З	Е	Р	А	Г	П	Ю	Д	Н	И
Г	Ф	Ж	Ж	А	Н	К	А	Н	А	Л	Щ	Н	Т
А	А	П	И	Т	Н	И	Й	Є	Ф	У	Ь	Я	М
Н	Ц	У	О	Ґ	Я	О	З	Е	Р	О	У	Л	П

КАНАЛ   ОЗЕРО
ДУШ   МУСОН
ВИПАРОВУВАННЯ   СНІГ
РІЧКА   ОКЕАН
МОРОЗ   УРАГАН
ГЕЙЗЕР   ДОЩ
ЛІД   ПИТНИЙ
ВОЛОГІСТЬ   ХВИЛІ
ПОВІНЬ   ПАР
ЗРОШЕННЯ

96 - Paysages

```
П У С Т Е Л Я Є Ч И Ц Я Ш С
П Е Ч Е Р А Ь Х Ґ К Ф Г Ш У
В І Ш М І Н П Е Е Ж У М Ґ М
У Ю В Д Д О Л И Н А Б В Н Л
Л Л Н О Ж І Я Ь Г Е Й З Е Р
К Я Х У С А Ж І О З Е Р О Щ
А Б И І Е Т Є Г Р Д Ґ А А Р
Н О Д Я М У Р П А Г О Р Б Р
М Л И М А Н О І І Л Н В И І
О О Ю Є С Д Б С В Ч Н В И Ч
Р Т С Ф Ш Р О О А З И С Ц К
Е О М Ш Т А О С Т Р І В П А
Е В І В О Д О С П А Д І Є Ю
Ц Я Н А Й С Б Е Р Г Н І Ф Б
```

ВОДОСПАД	ОЗЕРО
ПАГОРБ	БОЛОТО
ПУСТЕЛЯ	МОРЕ
ЛИМАН	ГОРА
РІЧКА	ОАЗИС
ГЕЙЗЕР	ПІВОСТРІВ
ЛЬОДОВИК	ПЛЯЖ
ПЕЧЕРА	ТУНДРА
АЙСБЕРГ	ДОЛИНА
ОСТРІВ	ВУЛКАН

97 - Nombres

```
Ш Д Т В Б Г В Ч Е Ф Н І И Т
І В Е Б Ь Ш Ш О Н Е У І Ж Р
С А Д С П І О Т Т У Л Ч П И
Т Д В І Я С Н И А Р Ь Е Т Н
Н Ц А М Т Т Т Р І И И Д У А
А Я Н Н Н Ь К И Ж С Т Т Б Д
Д Т А А А Д Е О А Н У С Г Ц
Ц Ь Д Д Д Р Е А В І С І М Я
Я Ф Ц Ц Ц Я Ш В П И Д М Д Т
Т Ф Я Я Я О Т Ж Я В Й Я Е Ь
Ь Р Т Т Т Ж Ш У Т Т Ю Е С Е
Ь Б Ь Ь Ь Д В А Ь Ю Ь Ю Я Е
Ч О Т И Р Н А Д Ц Я Т Ь Т Ш
П В І С І М Н А Д Ц Я Т Ь Ж
```

П'ЯТЬ	ЧОТИРИ
ДВА	П'ЯТНАДЦЯТЬ
ДЕСЯТКОВИЙ	ШІСТНАДЦЯТЬ
ДЕСЯТЬ	СІМ
ВІСІМНАДЦЯТЬ	ШІСТЬ
СІМНАДЦЯТЬ	ТРИНАДЦЯТЬ
ДВАНАДЦЯТЬ	ТРИ
ВІСІМ	ДВАДЦЯТЬ
ДЕВ'ЯТЬ	НУЛЬ
ЧОТИРНАДЦЯТЬ	

98 - Nature

П	Е	Д	И	Н	А	М	І	Ч	Н	И	Й	Щ	Л
П	Р	Х	М	А	Р	И	Л	І	С	Ґ	И	Л	Ґ
Ґ	О	И	С	К	К	Р	И	П	В	Д	К	Ю	Б
М	З	Х	Т	Т	Є	Н	Ю	Г	С	Л	Ш	О	Е
Я	І	К	Н	У	Є	О	Н	Б	Д	Ж	І	Л	З
Ч	Я	Е	У	М	Л	Ю	У	Ґ	И	О	Б	И	Т
Р	І	Ч	К	А	Щ	О	А	Л	К	Ю	Ц	С	У
Р	Ш	Т	Є	Н	Г	Г	К	Я	И	Ь	Я	Т	Р
П	П	Ю	Ц	Є	К	О	К	Щ	Й	І	Ш	Я	Б
К	Ч	К	Т	В	А	Р	И	Н	Л	Р	Т	В	О
Є	Р	С	В	Я	Т	И	Л	И	Щ	Е	К	Е	Т
Ь	Ф	А	Є	Р	О	П	У	С	Т	Е	Л	Я	Н
Ш	Ш	В	С	Л	Ь	О	Д	О	В	И	К	Д	И
П	Ь	Ж	Я	А	Р	К	Т	И	Ч	Н	И	Й	Й

БДЖІЛ
ПРИТУЛОК
ТВАРИН
АРКТИЧНИЙ
КРАСА
ТУМАН
ПУСТЕЛЯ
ДИНАМІЧНИЙ
ЕРОЗІЯ
ЛИСТЯ

РІЧКА
ЛІС
ЛЬОДОВИК
ГОРИ
ХМАРИ
МИРНО
СВЯТИЛИЩЕ
ДИКИЙ
БЕЗТУРБОТНИЙ

99 - Bateaux

```
П Р Т А С Е Ш Ш М Щ М Д Ь В
М Б У А Ю К У П О О Р У Ш І
О З Е Р О І Г О Р Г Р И И Т
Р Б Т Л М П К Р Е Л П Я В Р
С І Я Ш Ь А Г О Ґ А Н Х К И
Ь Л Ч И Х Ж Щ М П Н П Т Є Л
К Н О К В Я Ь Р Л Д Ь А Р Ь
І Ш Ю Ю А К М Н І В Б Г Б Н
С Х В И Л І Ч О Т И У Н Л И
Ь Щ Е І К Р Е Д Т Г Й Н Ю К
Е О Н О Ю А І В М У Щ Б Ґ А
Ж Ь Щ Ґ Е Є Щ Ґ Г Н З Щ Е Н
П Р И П Л И В К А Я К К М О
О К Е А Н У Ч Т І Х Є К А Е
```

ЯКІР	МОРЯК
БУЙ	ЩОГЛА
КАНОЕ	МОРЕ
МОТУЗКА	ДВИГУН
ЕКІПАЖ	МОРСЬКІ
ПОРОМ	ОКЕАН
РІЧКА	ПЛІТ
КАЯК	ХВИЛІ
ОЗЕРО	ВІТРИЛЬНИК
ПРИПЛИВ	ЯХТА

100 - Mesures

```
О  Ш  Т  Н  С  Р  Ш  И  Р  И  Н  А  Б  С
Б  Т  І  Є  Ч  Т  М  Л  С  Ь  Ь  Д  А  А
С  А  Ь  П  Х  В  И  Л  И  Н  А  О  Й  Н
Я  Я  Е  Ф  Ц  Д  Ю  Н  І  И  П  В  Т  Т
Г  Ш  Д  Г  Г  Ч  Є  Т  Я  Т  Я  Ж  О  И
О  И  Е  М  Е  Т  Р  Ґ  П  Ь  Р  И  Н  М
М  А  С  А  Г  Р  А  М  Р  В  Д  Н  Н  Е
Г  Г  Я  Т  Ф  Е  Т  О  Я  О  Д  А  А  Т
Л  Р  Т  В  У  Д  Ю  Й  М  П  Х  Ц  Ь  Р
И  С  К  И  Н  П  К  І  Л  О  М  Е  Т  Р
Б  В  О  С  Ц  К  І  Л  О  Г  Р  А  М  Р
И  А  В  О  І  І  Ж  Н  Ж  М  Ц  Г  Г  Г
Н  Г  И  Т  Я  Х  Ь  Я  Ь  Ц  Щ  Ь  Д  Є
А  А  Й  А  Х  Л  Ц  О  Ґ  Ж  Е  Ю  О  Ф
```

САНТИМЕТР	МАСА
СТУПІНЬ	МЕТР
ДЕСЯТКОВИЙ	ХВИЛИНА
ГРАМ	БАЙТ
ВИСОТА	УНЦІЯ
КІЛОГРАМ	ВАГА
КІЛОМЕТР	ДЮЙМ
ШИРИНА	ГЛИБИНА
ЛІТР	ТОННА
ДОВЖИНА	ОБСЯГ

1 - Été

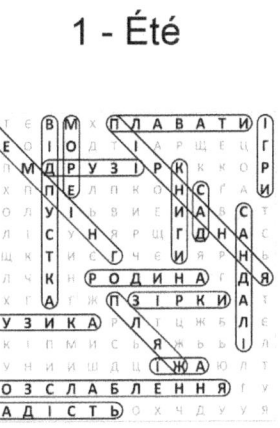

2 - Adjectifs #2

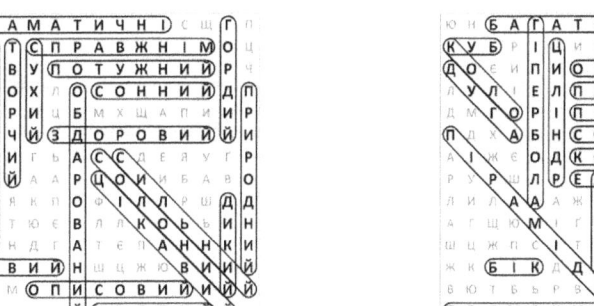

3 - Formes

4 - Salle de Bains

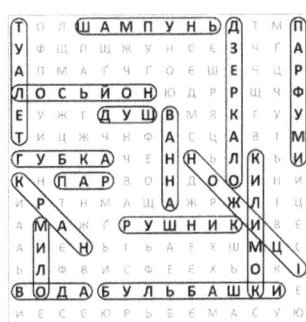

5 - Adjectifs #1

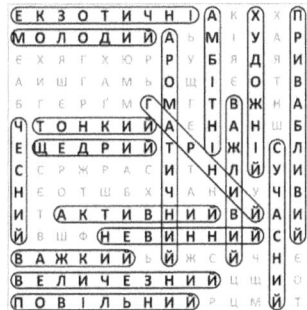

6 - Instruments de Musique

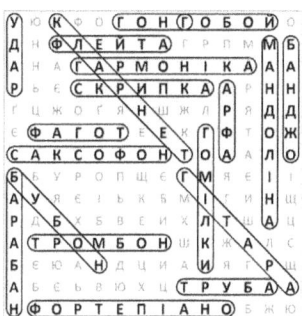

7 - Échecs

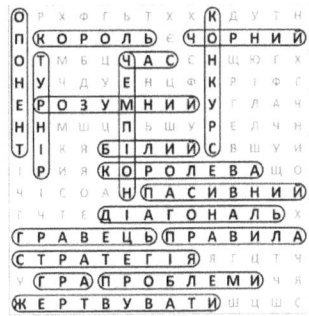

8 - Herboristerie

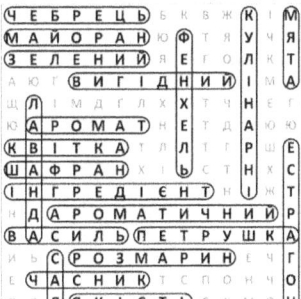

9 - Véhicules

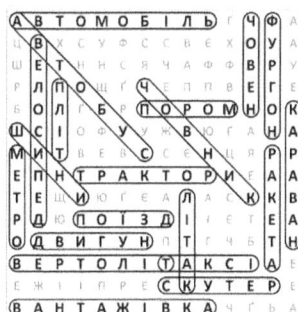

10 - Camping

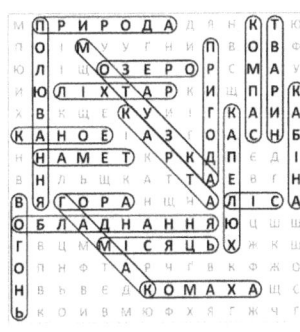

11 - Écologie

12 - Astronomie

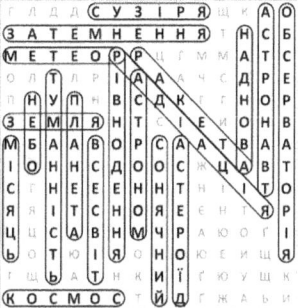

13 - Types de Cheveux

14 - Restaurant #1

15 - Mammifères

16 - Sports

17 - Chocolat

18 - Mathématiques

19 - Mythologie

20 - Restaurant #2

21 - Couleurs

22 - Avions

23 - Aventure

24 - Ville

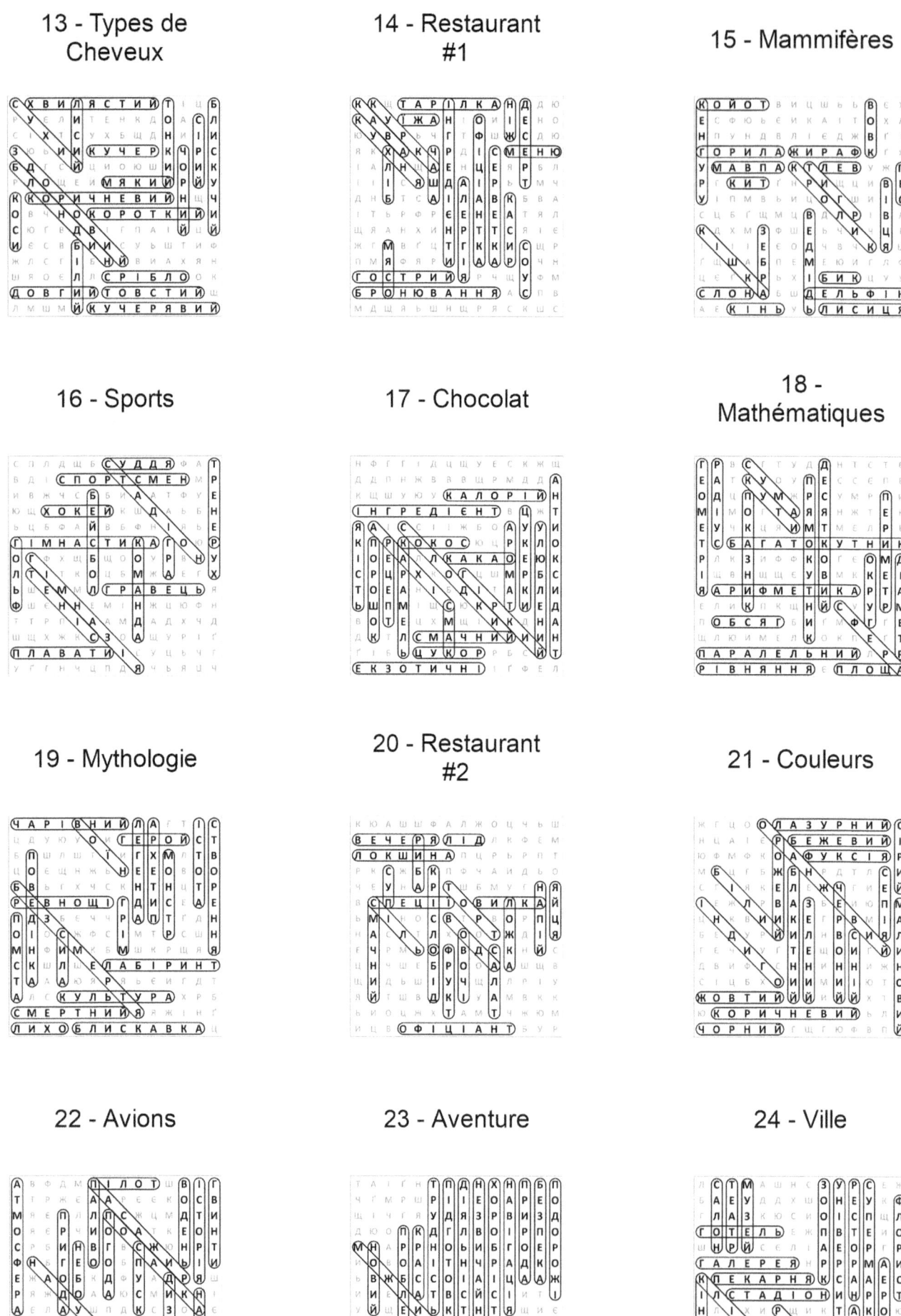

25 - Cuisine

26 - Corps Humain

27 - Épices

28 - Science

29 - Chats

30 - Vêtements

31 - Arts Visuels

32 - Méditation

33 - Littérature

34 - Nourriture #1

35 - Jours et Mois

36 - Championnat

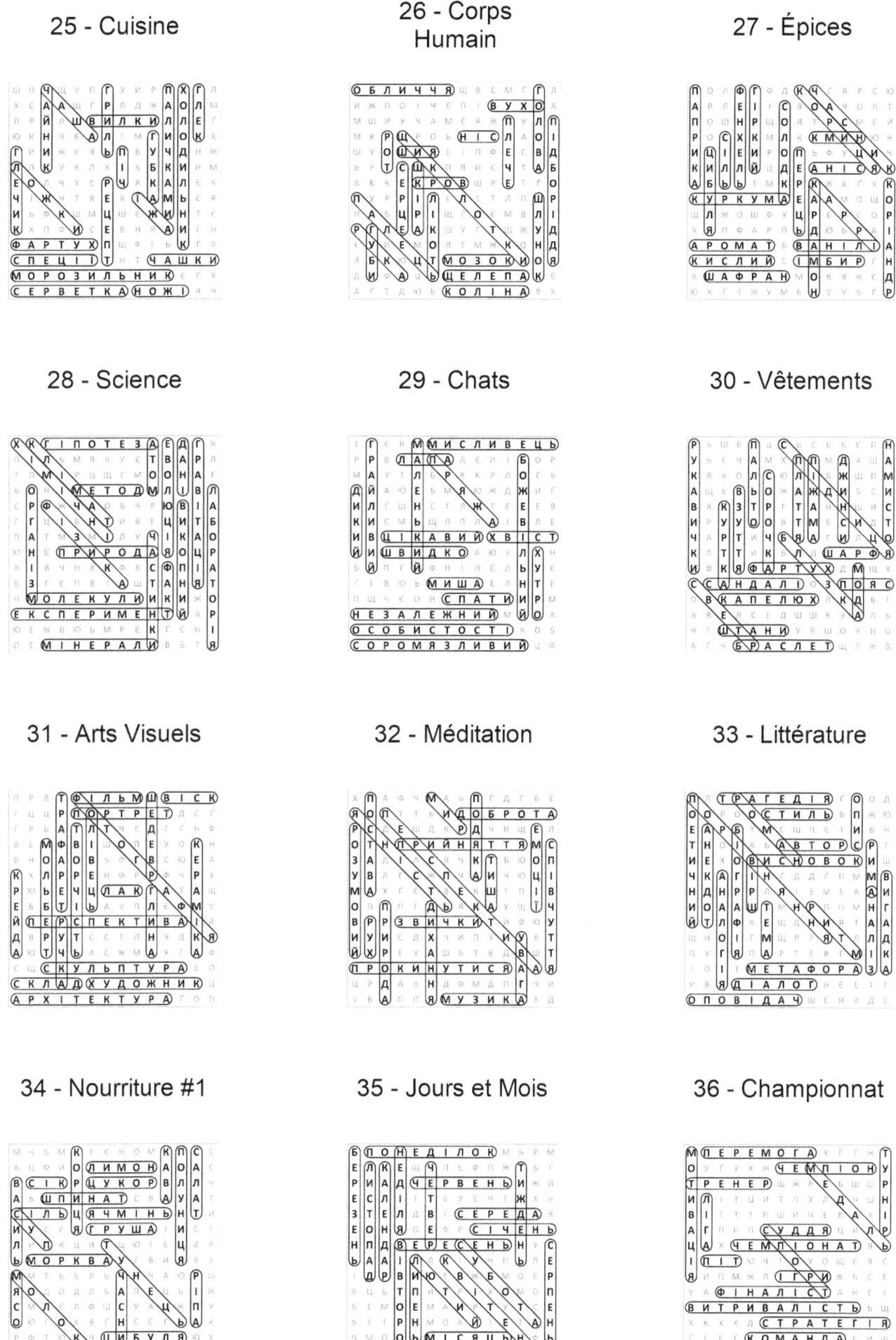

37 - Pirates

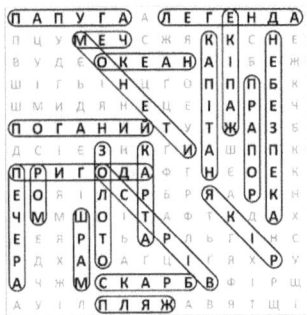

38 - Activités

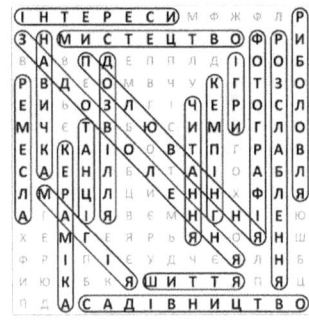

39 - Fleurs

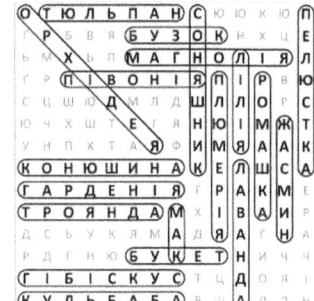

40 - Nourriture #2

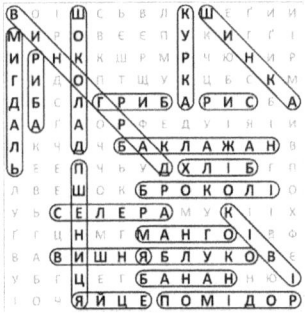

41 - Océan

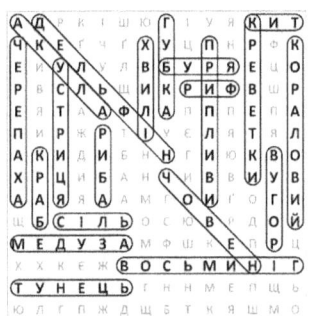

42 - Remplir

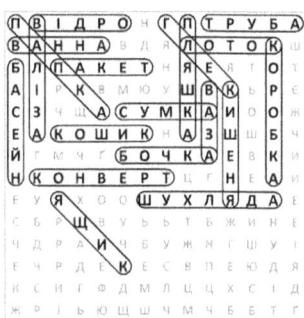

43 - Ballet

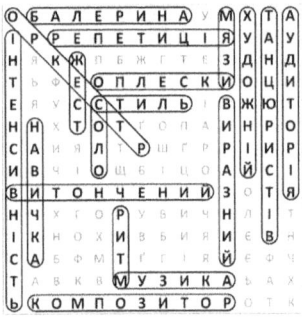

44 - Fruit

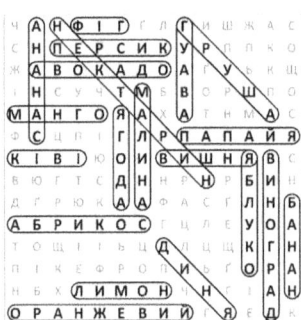

45 - Surf

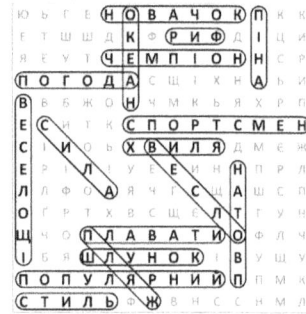

46 - Technologie

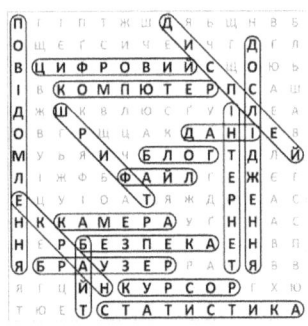

47 - Comédie

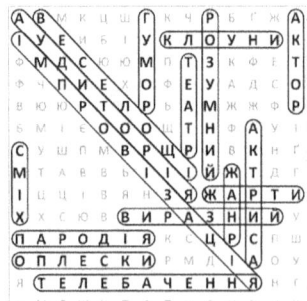

48 - Météo

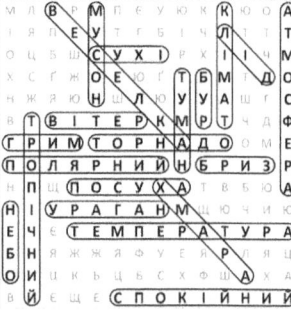

49 - Châteaux

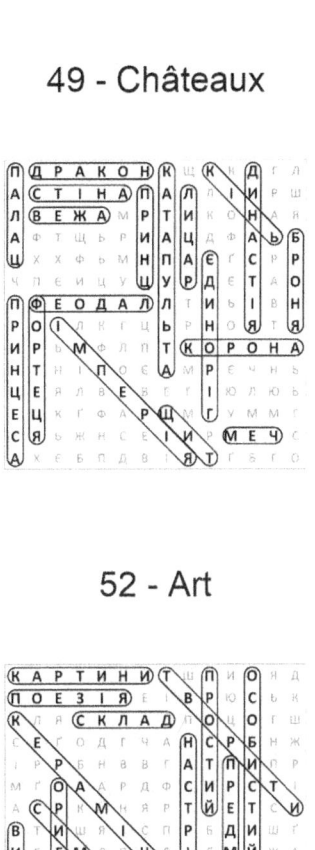

50 - Randonnée

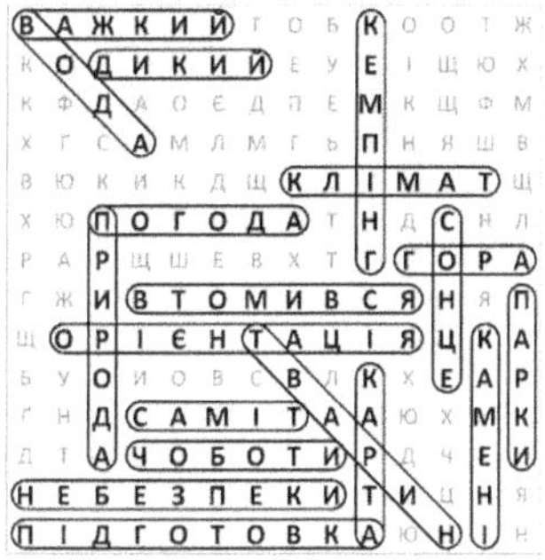

51 - Meubles

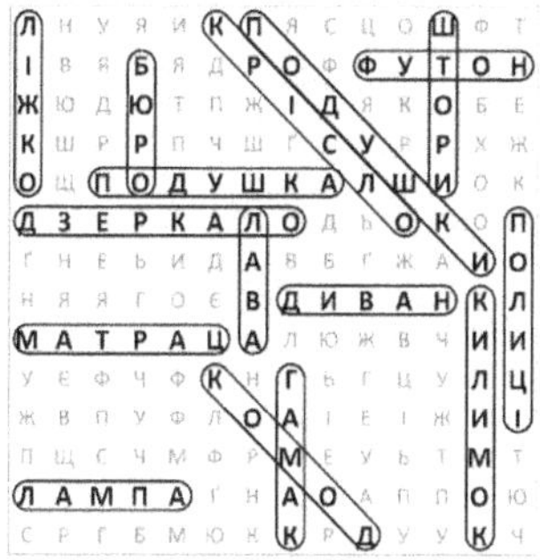

52 - Art

53 - Nutrition

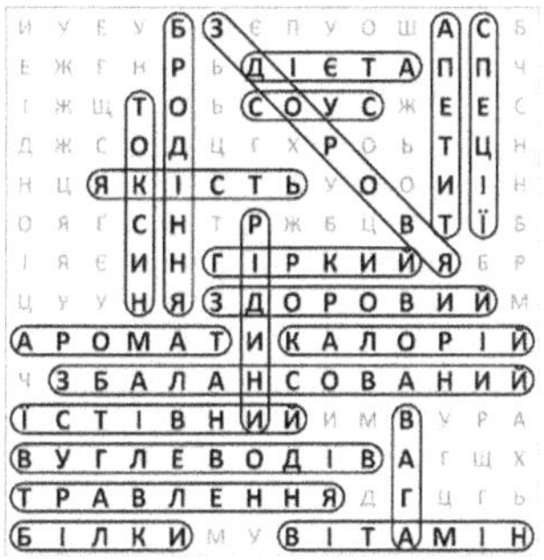

54 - Science Fiction

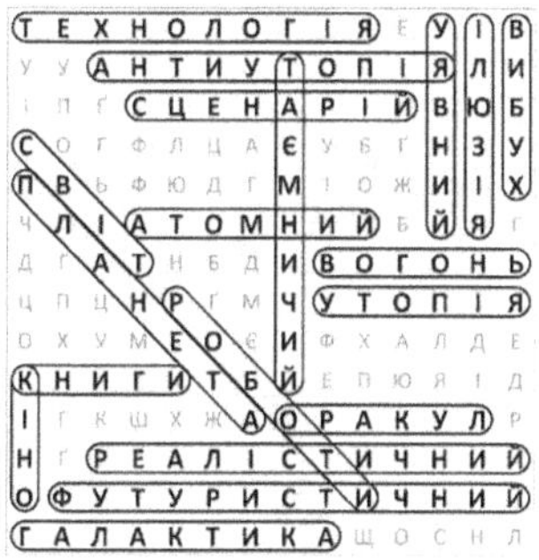

55 - Vertus #1

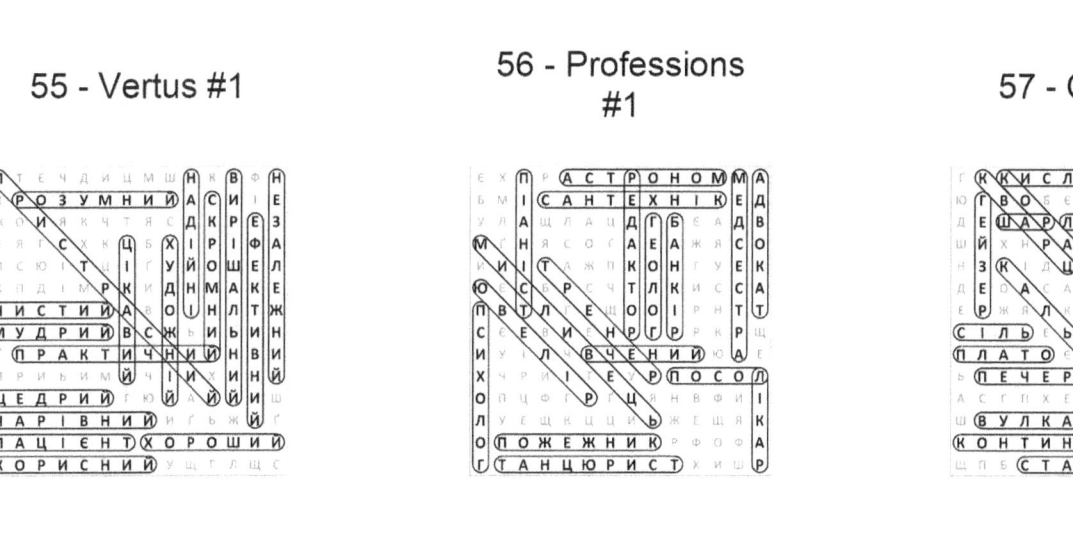

56 - Professions #1

57 - Géologie

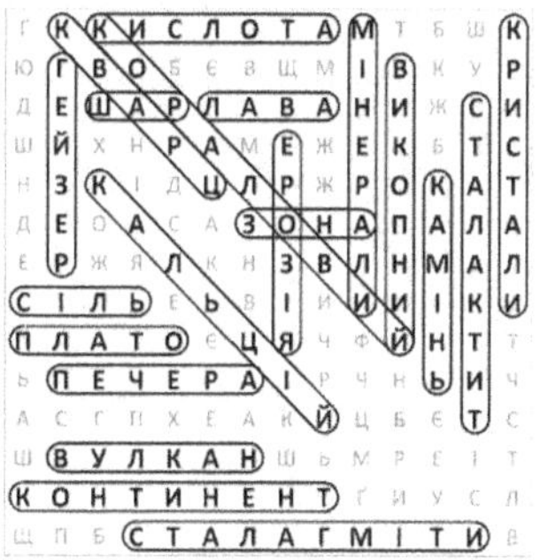

58 - Cirque

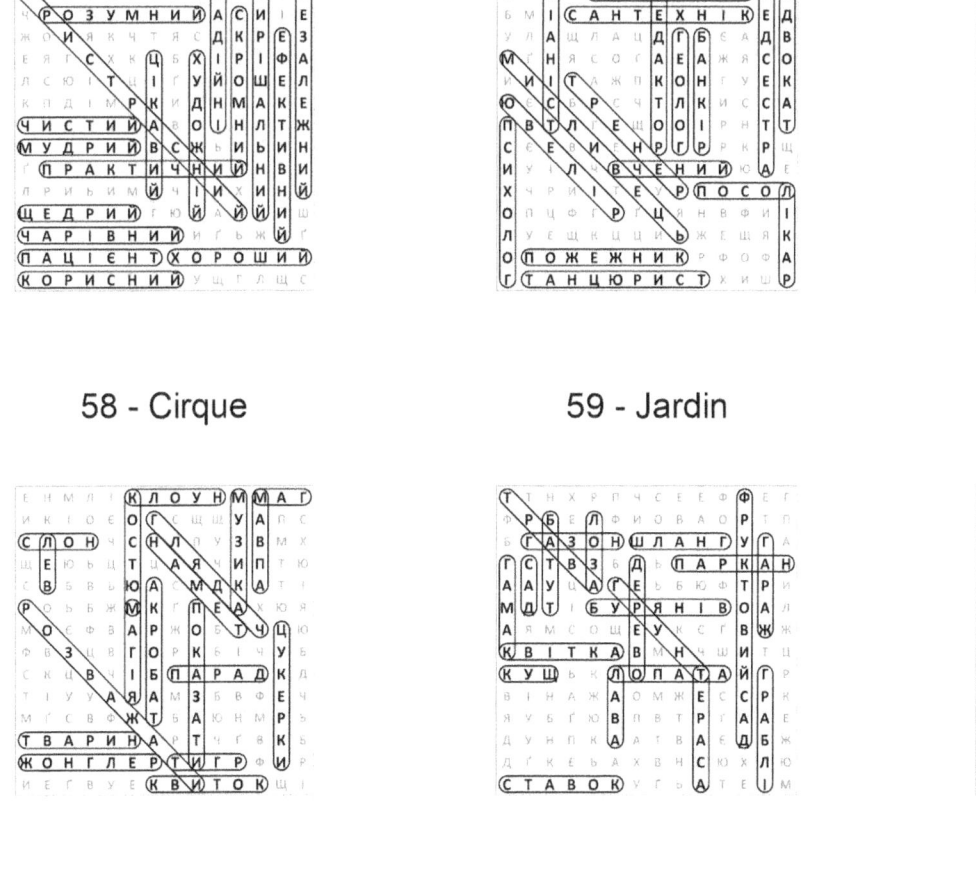

59 - Jardin

60 - Barbecues

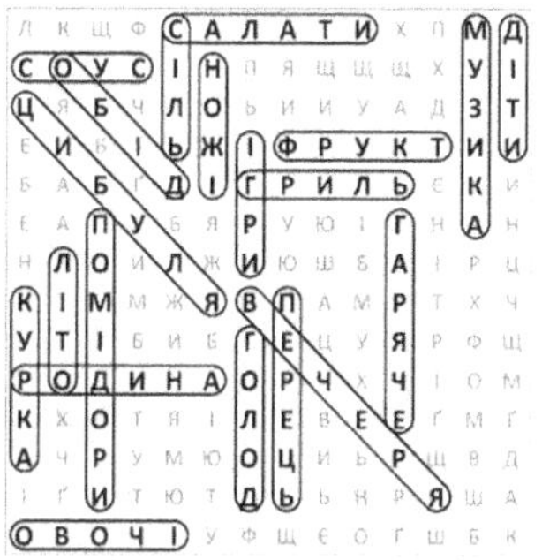

61 - Anniversaire

62 - Animaux de Compagnie

63 - Forêt Tropicale

64 - Insectes

65 - Ferme #1

66 - Escalade

67 - École #2

68 - Antarctique

69 - Professions #2

70 - Les Abeilles

71 - Dinosaures

72 - Automne

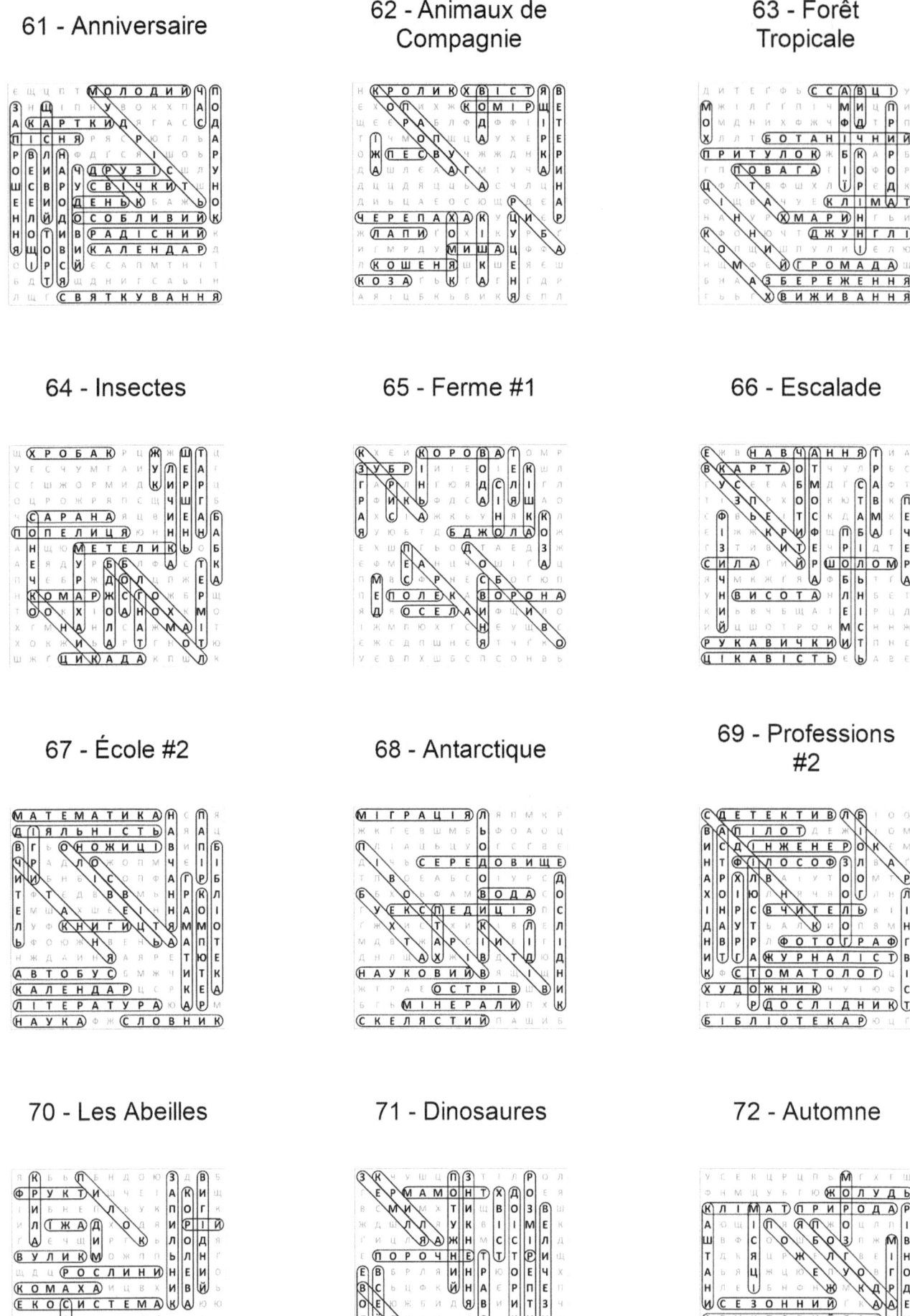

73 - Conduite

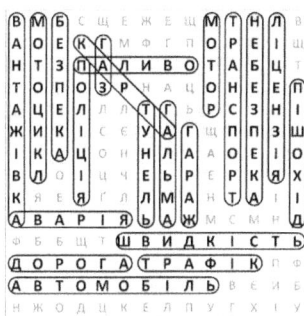

74 - Plantes

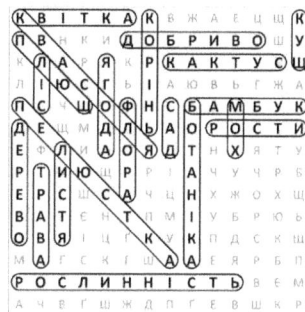

75 - Ferme #2

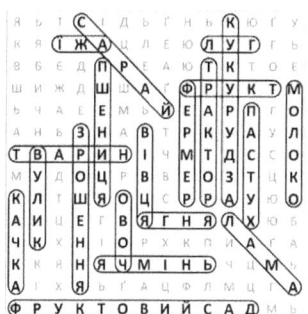

76 - École #1

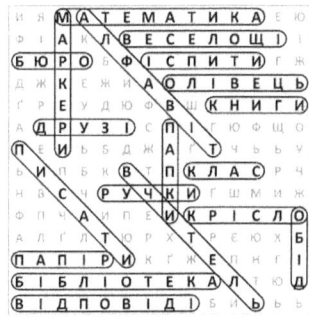

77 - Vacances #2

78 - Temps

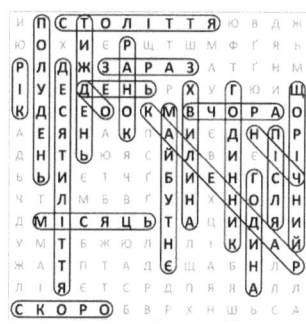

79 - Maison

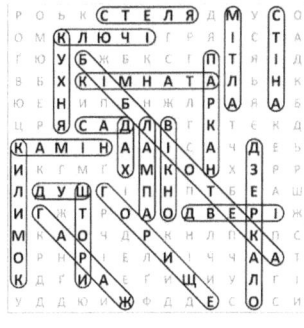

80 - Légumes

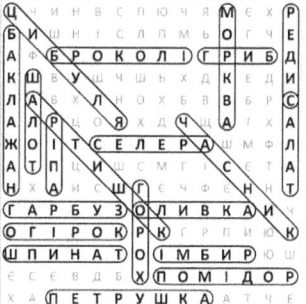

81 - Plage

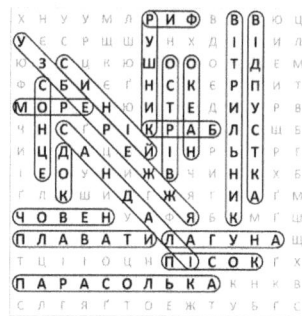

82 - Famille

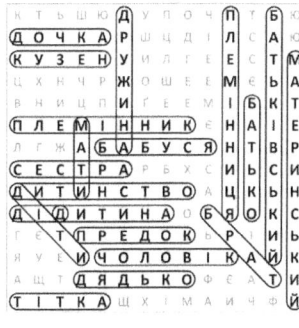

83 - Oiseaux

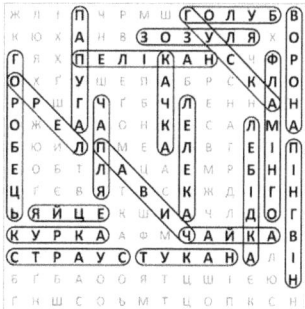

84 - Disciplines Scientifiques

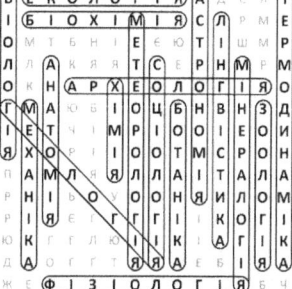

85 - Émotions

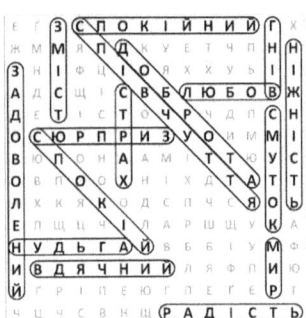

86 - Géographie

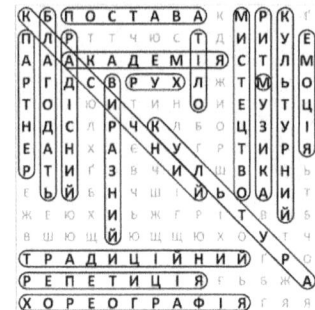

87 - Danse

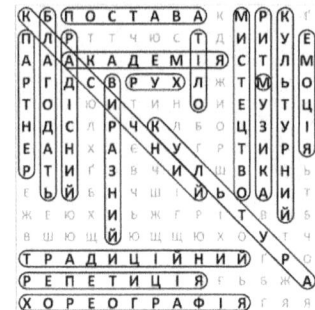

88 - Bâtiments

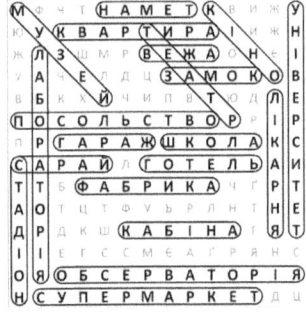

89 - Pêche

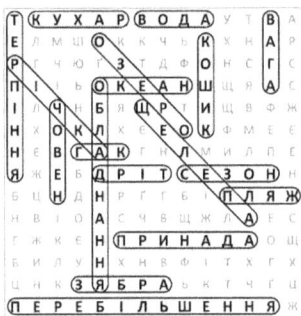

90 - Activités et Loisirs

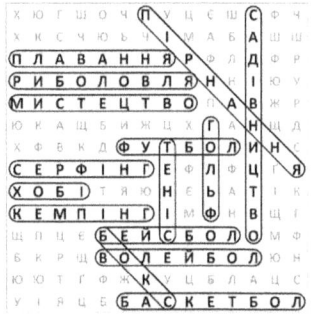

91 - Livres

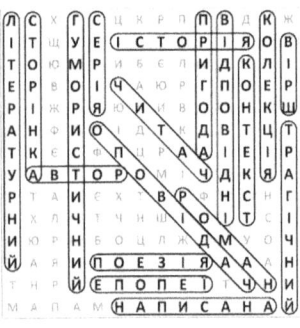

92 - Pays #2

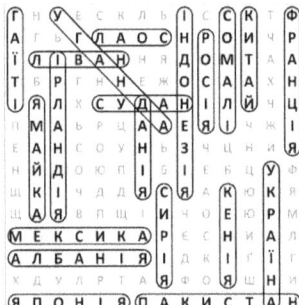

93 - Fournitures d'Art

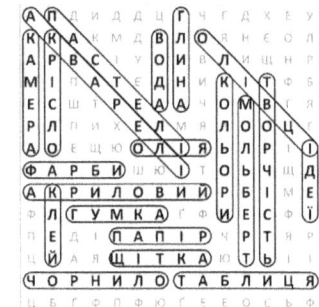

94 - Jouets

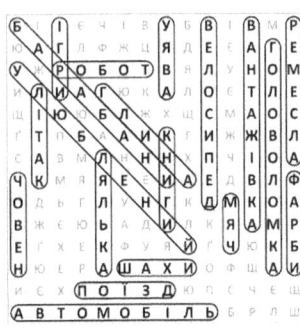

95 - Eau

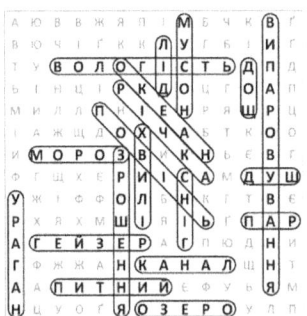

96 - Paysages

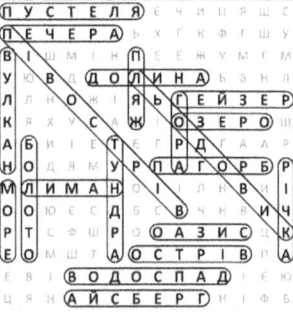

97 - Nombres

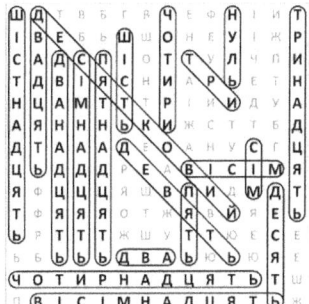

98 - Nature

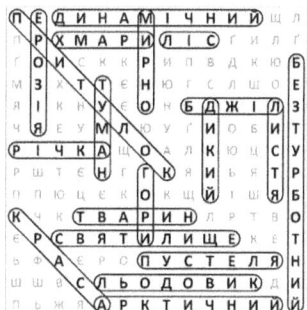

99 - Bateaux

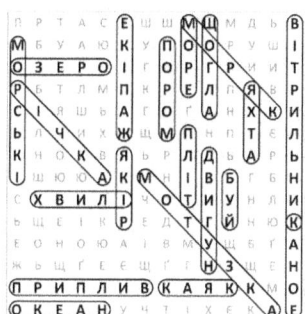

100 - Mesures

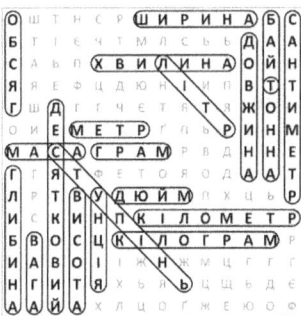

Dictionnaire

Activités
Види Діяльності

Activité	Діяльність
Art	Мистецтво
Artisanat	Ремесла
Camping	Кемпінг
Céramique	Кераміка
Chasse	Полювання
Compétence	Навичка
Couture	Шиття
Danse	Танці
Intérêts	Інтереси
Jardinage	Садівництво
Jeux	Ігри
Lecture	Читання
Loisir	Дозвілля
Magie	Магія
Pêche	Риболовля
Photographie	Фотографія
Plaisir	Задоволення
Relaxation	Розслаблення
Tricot	В'Язання

Activités et Loisirs
Відпочинок та Дозвілля

Art	Мистецтво
Base-Ball	Бейсбол
Basket-Ball	Баскетбол
Boxe	Бокс
Camping	Кемпінг
Football	Футбол
Golf	Гольф
Jardinage	Садівництво
Nager	Плавання
Passe-Temps	Хобі
Pêche	Риболовля
Plongée	Пірнання
Relaxant	Розслаблюючий
Surf	Серфінг
Tennis	Теніс
Volley-Ball	Волейбол
Voyage	Подорожувати

Adjectifs #1
Прикметники #1

Absolu	Абсолютний
Actif	Активний
Ambitieux	Амбітні
Aromatique	Ароматичний
Artistique	Художній
Attractif	Привабливий
Beau	Гарний
Exotique	Екзотичні
Énorme	Величезний
Généreux	Щедрий
Honnête	Чесний
Identique	Ідентичний
Important	Важливий
Innocent	Невинний
Jeune	Молодий
Lent	Повільний
Lourd	Важкий
Mince	Тонкий
Moderne	Сучасний
Parfait	Ідеальний

Adjectifs #2
Прикметники #2

Authentique	Справжнім
Célèbre	Відомий
Créatif	Творчий
Descriptif	Описовий
Doué	Обдарований
Dramatique	Драматичні
Élégant	Елегантний
Fier	Гордий
Fort	Сильний
Intéressant	Цікавий
Naturel	Природний
Nouveau	Новий
Productif	Продуктивний
Puissant	Потужний
Pur	Чистий
Sain	Здоровий
Salé	Солоний
Sauvage	Дикий
Sec	Сухий
Somnolent	Сонний

Animaux de Compagnie
Домашні Тварини

Chat	Кішка
Chaton	Кошеня
Chèvre	Коза
Chien	Пес
Chiot	Цуценя
Collier	Комір
Eau	Вода
Hamster	Хом'Як
Lapin	Кролик
Lézard	Ящірка
Nourriture	Їжа
Pattes	Лапи
Perroquet	Папуга
Poisson	Риба
Queue	Хвіст
Souris	Миша
Tortue	Черепаха
Vache	Корова
Vétérinaire	Ветеринар

Anniversaire
День Народження

Amis	Друзі
Amusement	Веселощі
Année	Рік
Bougies	Свічки
Cadeau	Подарунок
Calendrier	Календар
Cartes	Картки
Chanson	Пісня
Fête	Святкування
Gâteau	Торт
Heureux	Щасливий
Invitations	Запрошення
Jeune	Молодий
Jour	День
Joyeux	Радісний
Né	Народився
Sagesse	Мудрість
Spécial	Особливий
Super	Чудовий
Temps	Час

Antarctique
Антарктида

Baie	Бухта
Baleines	Китів
Chercheur	Дослідник
Conservation	Збереження
Continent	Континент
Eau	Вода
Environnement	Середовище
Expédition	Експедиція
Géographie	Географія
Glace	Лід
Glaciers	Льодовиків
Îles	Острів
Migration	Міграція
Minéraux	Мінерали
Oiseaux	Птах
Péninsule	Півострів
Rocheux	Скелястий
Scientifique	Науковий
Température	Температура
Topographie	Топографія

Art
Мистецтво

Céramique	Керамічні
Complexe	Складний
Composition	Склад
Créer	Творити
Expression	Вираз
Honnête	Чесний
Humeur	Настрій
Inspiré	Запалений
Original	Оригінал
Peintures	Картини
Personnel	Особистий
Poésie	Поезія
Sculpture	Скульптура
Simple	Простий
Sujet	Предмет
Surréalisme	Сюрреалізм
Symbole	Символ
Visuel	Візуальний

Arts Visuels
Образотворче Мистецтво

Architecture	Архітектура
Argile	Глина
Artiste	Художник
Céramique	Кераміка
Chef-D'Œuvre	Шедевр
Chevalet	Мольберт
Cire	Віск
Composition	Склад
Craie	Крейда
Crayon	Олівець
Créativité	Творчість
Film	Фільм
Perspective	Перспектива
Photographie	Фотографія
Pochoir	Трафарет
Portrait	Портрет
Sculpture	Скульптура
Stylo	Ручка
Vernis	Лак

Astronomie
Астрономія

Astéroïde	Астероїд
Astronaute	Астронавт
Astronome	Астроном
Ciel	Небо
Constellation	Сузір'Я
Cosmos	Космос
Éclipse	Затемнення
Équinoxe	Рівнодення
Fusée	Ракета
Galaxie	Галактика
Lune	Місяць
Météore	Метеор
Nébuleuse	Туманність
Observatoire	Обсерваторія
Planète	Планета
Radiation	Радіація
Solaire	Сонячний
Supernova	Наднова
Terre	Земля
Univers	Всесвіт

Automne
Осінь

Caduc	Листяний
Châtaignes	Каштани
Climat	Клімат
Équinoxe	Рівнодення
Festival	Фестиваль
Feux	Пожеж
Gel	Мороз
Gland	Жолудь
Météo	Погода
Migration	Міграція
Mois	Місяці
Nature	Природа
Pommes	Яблука
Saisonnier	Сезонний
Verger	Фруктовий Сад
Vêtements	Одяг

Aventure
Пригоди

Activité	Діяльність
Beauté	Краса
Bravoure	Хоробрість
Chance	Шанс
Dangereux	Небезпечний
Destination	Призначення
Défis	Проблеми
Difficulté	Трудність
Enthousiasme	Ентузіазм
Excursion	Екскурсія
Inhabituel	Незвичайні
Itinéraire	Маршрут
Joie	Радість
Nature	Природа
Navigation	Навігація
Nouveau	Новий
Opportunité	Можливість
Préparation	Підготовка
Sécurité	Безпека
Voyages	Подорожі

Avions
Літаки

Air	Повітря
Atmosphère	Атмосфера
Atterrissage	Посадка
Aventure	Пригода
Carburant	Паливо
Ciel	Небо
Construction	Будівництво
Descente	Спуск
Design	Дизайн
Direction	Напрям
Équipage	Екіпаж
Gonfler	Надути
Hauteur	Висота
Hélices	Гвинти
Histoire	Історія
Hydrogène	Водень
Météo	Погода
Moteur	Двигун
Passager	Пасажир
Pilote	Пілот

Ballet
Балет

Applaudissement	Оплески
Artistique	Художній
Ballerine	Балерина
Chorégraphie	Хореографія
Compétence	Навичка
Compositeur	Композитор
Danseurs	Танцюристів
Expressif	Виразний
Geste	Жест
Gracieux	Витончений
Intensité	Інтенсивність
Muscles	М'язи
Musique	Музика
Orchestre	Оркестр
Public	Аудиторія
Répétition	Репетиція
Rythme	Ритм
Solo	Соло
Style	Стиль
Technique	Техніка

Barbecues
Барбекю

Chaud	Гаряче
Couteaux	Ножі
Déjeuner	Обід
Dîner	Вечеря
Enfants	Діти
Été	Літо
Faim	Голод
Famille	Родина
Fruit	Фрукт
Gril	Гриль
Jeux	Ігри
Légumes	Овочі
Musique	Музика
Oignons	Цибуля
Poivre	Перець
Poulet	Курка
Salades	Салати
Sauce	Соус
Sel	Сіль
Tomates	Помідори

Bateaux
Катери

Ancre	Якір
Bouée	Буй
Canoë	Каное
Corde	Мотузка
Équipage	Екіпаж
Ferry	Пором
Fleuve	Річка
Kayak	Каяк
Lac	Озеро
Marée	Приплив
Marin	Моряк
Mât	Щогла
Mer	Море
Moteur	Двигун
Nautique	Морські
Océan	Океан
Radeau	Пліт
Vagues	Хвилі
Voilier	Вітрильник
Yacht	Яхта

Bâtiments
Будинки

Ambassade	Посольство
Appartement	Квартира
Cabine	Кабіна
Château	Замок
Cinéma	Кіно
École	Школа
Garage	Гараж
Grange	Сарай
Hôpital	Лікарня
Hôtel	Готель
Laboratoire	Лабораторія
Musée	Музей
Observatoire	Обсерваторія
Stade	Стадіон
Supermarché	Супермаркет
Tente	Намет
Théâtre	Театр
Tour	Вежа
Université	Університет
Usine	Фабрика

Camping
Кемпінг

Animaux	Тварин
Aventure	Пригода
Boussole	Компас
Cabine	Кабіна
Canoë	Каное
Carte	Карта
Chapeau	Капелюх
Chasse	Полювання
Corde	Мотузка
Équipement	Обладнання
Feu	Вогонь
Forêt	Ліс
Hamac	Гамак
Insecte	Комаха
Lac	Озеро
Lanterne	Ліхтар
Lune	Місяць
Montagne	Гора
Nature	Природа
Tente	Намет

Championnat
Чемпіонат

Champion	Чемпіон
Championnat	Чемпіонат
Endurance	Витривалість
Entraîneur	Тренер
Équipe	Команда
Finaliste	Фіналіст
Jeux	Ігри
Juge	Суддя
Ligue	Ліга
Médaille	Медаль
Motivation	Мотивація
Performance	Виконання
Sports	Спорт
Stratégie	Стратегія
Tournoi	Турнір
Transpiration	Піт
Victoire	Перемога

Chats
Кішки

Chasseur	Мисливець
Curieux	Цікавий
Dormir	Спати
Espiègle	Грайливий
Fil	Пряжа
Fou	Божевільний
Fourrure	Хутро
Indépendant	Незалежний
Patte	Лапа
Personnalité	Особистості
Peu	Маленький
Queue	Хвіст
Rapide	Швидко
Sauvage	Дикий
Souris	Миша
Timide	Сором'Язливий

Châteaux
Замки

Armure	Броня
Bouclier	Щит
Catapulte	Катапульта
Cheval	Кінь
Chevalier	Лицар
Couronne	Корона
Dragon	Дракон
Dynastie	Династія
Empire	Імперія
Épée	Меч
Féodal	Феодал
Forteresse	Фортеця
Licorne	Єдиноріг
Mur	Стіна
Noble	Благородний
Palais	Палац
Prince	Принц
Princesse	Принцеса
Royaume	Королівство
Tour	Вежа

Chocolat
Шоколад

Amer	Гіркий
Antioxydant	Антиоксидант
Bonbon	Цукерки
Cacahuètes	Арахіс
Cacao	Какао
Calories	Калорій
Caramel	Карамель
Délicieux	Смачний
Doux	Солодкий
Exotique	Екзотичні
Favori	Улюблений
Goût	Смак
Ingrédient	Інгредієнт
Noix de Coco	Кокос
Poudre	Порошок
Qualité	Якість
Recette	Рецепт
Saveur	Аромат
Sucre	Цукор

Cirque
Цирк

Acrobate	Акробат
Animaux	Тварин
Billet	Квиток
Bonbon	Цукерки
Clown	Клоун
Costume	Костюм
Divertir	Розважати
Éléphant	Слон
Jongleur	Жонглер
Lion	Лев
Magicien	Маг
Magie	Магія
Montrer	Показати
Musique	Музика
Parade	Парад
Singe	Мавпа
Spectateur	Глядач
Tente	Намет
Tigre	Тигр

Comédie
Комедія

Acteur	Актор
Actrice	Актриса
Amusement	Веселощі
Applaudissement	Оплески
Blagues	Жарти
Clowns	Клоуни
Expressif	Виразний
Genre	Жанр
Humour	Гумор
Improvisation	Імпровізація
Intelligent	Розумний
Parodie	Пародія
Public	Аудиторія
Rire	Сміх
Télévision	Телебачення
Théâtre	Театр

Conduite
Водіння

Accident	Аварія
Camion	Вантажівка
Carburant	Паливо
Carte	Карта
Danger	Небезпека
Freins	Гальма
Garage	Гараж
Gaz	Газ
Licence	Ліцензія
Moteur	Мотор
Moto	Мотоцикл
Piéton	Пішохід
Police	Поліція
Route	Дорога
Sécurité	Безпека
Trafic	Трафік
Transport	Транспорт
Tunnel	Тунель
Vitesse	Швидкість
Voiture	Автомобіль

Corps Humain
Людське Тіло

Bouche	Рот
Cerveau	Мозок
Cheville	Щиколотки
Cou	Шия
Coude	Лікоть
Cœur	Серце
Doigt	Палець
Estomac	Шлунок
Épaule	Плече
Genou	Коліна
Lèvres	Губи
Main	Рука
Mâchoire	Щелепа
Menton	Підборіддя
Nez	Ніс
Oreille	Вухо
Peau	Шкіра
Sang	Кров
Tête	Голова
Visage	Обличчя

Couleurs
Кольори

Azur	Лазурний
Beige	Бежевий
Blanc	Білий
Bleu	Синій
Cramoisi	Малиновий
Cyan	Блакитний
Fuchsia	Фуксія
Gris	Сірий
Indigo	Індиго
Jaune	Жовтий
Marron	Коричневий
Noir	Чорний
Orange	Оранжевий
Rose	Рожевий
Rouge	Червоний
Sépia	Сепія
Vert	Зелений
Violet	Фіолетовий

Cuisine
Кухня

Baguettes	Паличками
Bol	Чаша
Bouilloire	Чайник
Congélateur	Морозильник
Couteaux	Ножі
Cruche	Глечик
Cuillères	Ложки
Épices	Спеції
Éponge	Губка
Four	Піч
Fourchettes	Вилки
Gril	Гриль
Nourriture	Їжа
Pot	Глек
Recette	Рецепт
Réfrigérateur	Холодильник
Serviette	Серветка
Tablier	Фартух
Tasses	Чашки

Danse
Танець

Académie	Академія
Art	Мистецтво
Chorégraphie	Хореографія
Classique	Класичний
Corps	Тіло
Culture	Культура
Culturel	Культурний
Expressif	Виразний
Émotion	Емоція
Grâce	Благодать
Joyeux	Радісний
Mouvement	Рух
Musique	Музика
Partenaire	Партнер
Posture	Постава
Répétition	Репетиція
Rythme	Ритм
Traditionnel	Традиційний
Visuel	Візуальний

Dinosaures
Динозаври

Ailes	Крила
Disparition	Зникнення
Espèce	Вид
Énorme	Величезний
Évolution	Еволюція
Grand	Великий
Herbivore	Травоїдні
Mammouth	Мамонт
Omnivore	Всеїдний
Préhistorique	Доісторичний
Puissant	Потужний
Queue	Хвіст
Reptile	Рептилія
Taille	Розмір
Terre	Земля
Vicieux	Порочне

Disciplines Scientifiques
Наукові Дисципліни

Anatomie	Анатомія
Archéologie	Археологія
Astronomie	Астрономія
Biochimie	Біохімія
Biologie	Біологія
Botanique	Ботаніка
Chimie	Хімія
Écologie	Екологія
Géologie	Геологія
Immunologie	Імунологія
Linguistique	Лінгвістика
Mécanique	Механіка
Météorologie	Метеорологія
Minéralogie	Мінералогія
Neurologie	Неврологія
Physiologie	Фізіологія
Psychologie	Психологія
Sociologie	Соціологія
Thermodynamique	Термодинаміка
Zoologie	Зоологія

Eau
Вода

Canal	Канал
Douche	Душ
Évaporation	Випаровування
Fleuve	Річка
Gel	Мороз
Geyser	Гейзер
Glace	Лід
Humidité	Вологість
Inondation	Повінь
Irrigation	Зрошення
Lac	Озеро
Mousson	Мусон
Neige	Сніг
Océan	Океан
Ouragan	Ураган
Pluie	Дощ
Potable	Питний
Vagues	Хвилі
Vapeur	Пар

Escalade
Сходження

Altitude	Висота
Atmosphère	Атмосфера
Blessure	Травма
Bottes	Чоботи
Carte	Карта
Casque	Шолом
Curiosité	Цікавість
Défis	Проблеми
Expert	Експерт
Étroit	Вузький
Force	Сила
Formation	Навчання
Gants	Рукавички
Grotte	Печера
Physique	Фізичний
Stabilité	Стабільність

Échecs
Шахи

Adversaire	Опонент
Blanc	Білий
Champion	Чемпіон
Concours	Конкурс
Défis	Проблеми
Diagonal	Діагональ
Intelligent	Розумний
Jeu	Гра
Joueur	Гравець
Noir	Чорний
Passif	Пасивний
Reine	Королева
Règles	Правила
Roi	Король
Sacrifice	Жертвувати
Stratégie	Стратегія
Temps	Час
Tournoi	Турнір

École #1
Школа #1

Alphabet	Алфавіт
Amis	Друзі
Amusement	Веселощі
Bibliothèque	Бібліотека
Bureau	Бюро
Chaise	Крісло
Crayon	Олівець
Des Stylos	Ручки
Déjeuner	Обід
Dossiers	Папки
Enseignant	Вчитель
Examens	Іспити
Écrire	Писати
Livres	Книги
Marqueurs	Маркери
Math	Математика
Papier	Папір
Réponses	Відповіді
Salle de Classe	Клас

École #2
Школа #2

Activités	Діяльність
Apprentissage	Навчання
Bibliothèque	Бібліотека
Bus	Автобус
Calendrier	Календар
Ciseaux	Ножиці
Crayon	Олівець
Dictionnaire	Словник
Enseignant	Вчитель
Écriture	Написання
Éducation	Освіта
Grammaire	Граматика
Jeux	Ігри
Lecture	Читання
Littérature	Література
Livres	Книги
Math	Математика
Ordinateur	Комп'Ютер
Papier	Папір
Science	Наука

Écologie
Екологія

Climat	Клімат
Communautés	Громад
Espèce	Вид
Faune	Фауна
Flore	Флора
Global	Глобальний
Marais	Болото
Marin	Морський
Montagnes	Гори
Nature	Природа
Naturel	Природний
Plantes	Рослини
Ressources	Ресурси
Sécheresse	Засуха
Survie	Виживання
Végétation	Рослинність

Émotions
Емоції

Amour	Любов
Calme	Спокійний
Colère	Гнів
Contenu	Зміст
Ennui	Нудьга
Gentillesse	Доброта
Joie	Радість
Paix	Мир
Peur	Страх
Reconnaissant	Вдячний
Satisfait	Задоволений
Surprise	Сюрприз
Sympathie	Співчуття
Tendresse	Ніжність
Tranquillité	Спокій
Tristesse	Смуток

Épices
Спеції

Aigre	Кислий
Ail	Часник
Amer	Гіркий
Anis	Аніс
Cannelle	Кориця
Cardamome	Кардамон
Coriandre	Коріандр
Cumin	Кмин
Curcuma	Куркума
Curry	Каррі
Fenouil	Фенхель
Gingembre	Імбир
Oignon	Цибуля
Paprika	Паприка
Poivre	Перець
Réglisse	Солодка
Safran	Шафран
Saveur	Аромат
Sel	Сіль
Vanille	Ванілі

Été
Літо

Amis	Друзі
Camping	Кемпінг
Étoiles	Зірки
Famille	Родина
Jardin	Сад
Jeux	Ігри
Joie	Радість
Livres	Книги
Loisir	Дозвілля
Mer	Море
Musique	Музика
Nager	Плавати
Nourriture	Їжа
Plage	Пляж
Plongée	Пірнання
Relaxation	Розслаблення
Sandales	Сандалі
Vacances	Відпустка
Voyage	Подорожувати

Famille
Сімейний

Ancêtre	Предок
Cousin	Кузен
Enfance	Дитинство
Enfant	Дитина
Enfants	Діти
Femme	Дружина
Fille	Дочка
Frère	Брат
Grand-Mère	Бабуся
Grand-Père	Дід
Mari	Чоловік
Maternel	Материнський
Mère	Мати
Neveu	Племінник
Nièce	Племінниця
Oncle	Дядько
Paternel	Батьківський
Père	Батько
Soeur	Сестра
Tante	Тітка

Ferme #1
Ферма #1

Abeille	Бджола
Âne	Осел
Bison	Зубр
Champ	Поле
Chat	Кішка
Cheval	Кінь
Chèvre	Коза
Chien	Пес
Clôture	Паркан
Cochon	Свиня
Corbeau	Ворона
Eau	Вода
Engrais	Добриво
Foin	Сіно
Miel	Мед
Poulet	Курка
Riz	Рис
Troupeau	Зграя
Vache	Корова
Veau	Теля

Ferme #2
Ферма #2

Agneau	Ягня
Agriculteur	Фермер
Animaux	Тварин
Berger	Пастух
Blé	Пшениця
Canard	Качка
Fruit	Фрукт
Grange	Сарай
Irrigation	Зрошення
Lait	Молоко
Lama	Лама
Légume	Овоч
Maïs	Кукурудза
Mouton	Вівця
Nourriture	Їжа
Orge	Ячмінь
Pré	Луг
Ruche	Вулик
Tracteur	Трактор
Verger	Фруктовий Сад

Fleurs
Квіти

Bouquet	Букет
Gardénia	Гарденія
Hibiscus	Гібіскус
Jasmin	Жасмин
Lavande	Лаванда
Lilas	Бузок
Lys	Лілія
Magnolia	Магнолія
Marguerite	Ромашка
Orchidée	Орхідея
Pavot	Мак
Pétale	Пелюстка
Pissenlit	Кульбаба
Pivoine	Півонія
Plumeria	Плюмерія
Rose	Троянда
Tournesol	Соняшник
Trèfle	Конюшина
Tulipe	Тюльпан

Forêt Tropicale
Тропічний Ліс

Amphibiens	Амфібії
Botanique	Ботанічний
Climat	Клімат
Communauté	Громада
Espèce	Вид
Indigène	Корінні
Insectes	Комах
Jungle	Джунглі
Mammifères	Ссавці
Mousse	Мох
Nature	Природа
Nuage	Хмари
Oiseaux	Птах
Précieux	Цінний
Préservation	Збереження
Refuge	Притулок
Respect	Повага
Restauration	Реставрація
Survie	Виживання

Formes
Форми

Arc	Дуга
Carré	Площа
Cercle	Коло
Coin	Кут
Courbe	Крива
Cône	Конус
Côté	Бік
Cube	Куб
Cylindre	Циліндр
Ellipse	Еліпс
Hyperbole	Гіпербола
Ligne	Лінія
Ovale	Овальний
Polygone	Багатокутник
Prisme	Призма
Pyramide	Піраміда
Rectangle	Прямокутник
Rond	Круглий
Sphère	Сфера
Triangle	Трикутник

Fournitures d'Art
Художні Товари

Acrylique	Акриловий
Aquarelles	Акварелі
Argile	Глина
Brosses	Щітка
Caméra	Камера
Chaise	Крісло
Chevalet	Мольберт
Colle	Клей
Couleurs	Кольори
Crayons	Олівці
Créativité	Творчість
Eau	Вода
Encre	Чорнило
Gomme	Гумка
Huile	Олія
Idées	Ідеї
Papier	Папір
Pastels	Пастелі
Peinture	Фарби
Table	Таблиця

Fruit
Фрукти

Abricot	Абрикос
Ananas	Ананас
Avocat	Авокадо
Baie	Ягода
Banane	Банан
Cerise	Вишня
Citron	Лимон
Figue	Фіг
Framboise	Малина
Goyave	Гуава
Kiwi	Ківі
Mangue	Манго
Melon	Диня
Nectarine	Нектарин
Orange	Оранжевий
Papaye	Папайя
Pêche	Персик
Poire	Груша
Pomme	Яблуко
Raisin	Виноград

Géographie
Географія

Altitude	Висота
Atlas	Атлас
Carte	Карта
Continent	Континент
Fleuve	Річка
Hémisphère	Півкуля
Île	Острів
Latitude	Широта
Mer	Море
Méridien	Меридіан
Monde	Світ
Montagne	Гора
Nord	Північ
Océan	Океан
Ouest	Захід
Pays	Країна
Région	Регіон
Sud	Південь
Territoire	Територія
Ville	Місто

Géologie
Геологія

Acide	Кислота
Calcium	Кальцій
Caverne	Печера
Continent	Континент
Corail	Кораловий
Couche	Шар
Cristaux	Кристали
Érosion	Ерозія
Fossile	Викопний
Geyser	Гейзер
Lave	Лава
Minéraux	Мінерали
Pierre	Камінь
Plateau	Плато
Quartz	Кварц
Sel	Сіль
Stalactite	Сталактит
Stalagmites	Сталагміти
Volcan	Вулкан
Zone	Зона

Herboristerie
Травотравизм

Ail	Часник
Aromatique	Ароматичний
Basilic	Василь
Bénéfique	Вигідний
Culinaire	Кулінарні
Estragon	Естрагон
Fenouil	Фенхель
Fleur	Квітка
Ingrédient	Інгредієнт
Jardin	Сад
Lavande	Лаванда
Marjolaine	Майоран
Menthe	М'Ята
Persil	Петрушка
Qualité	Якість
Romarin	Розмарин
Safran	Шафран
Saveur	Аромат
Thym	Чебрець
Vert	Зелений

Insectes
Комахи

Abeille	Бджола
Cafard	Тарган
Cigale	Цикада
Coccinelle	Сонечко
Criquet	Сарана
Fourmi	Мураха
Frelon	Шершень
Guêpe	Оса
Larve	Личинка
Libellule	Бабка
Mante	Богомол
Moucheron	Гнат
Moustique	Комар
Papillon	Метелик
Puce	Блоха
Puceron	Попелиця
Sauterelle	Коник
Scarabée	Жук
Termite	Терміт
Ver	Хробак

Instruments de Musique
Музичні Інструменти

Banjo	Банджо
Basson	Фагот
Clarinette	Кларнет
Flûte	Флейта
Gong	Гонг
Guitare	Гітара
Harmonica	Гармоніка
Harpe	Арфа
Hautbois	Гобой
Mandoline	Мандоліна
Percussion	Удар
Piano	Фортепіано
Pilons	Гомілки
Saxophone	Саксофон
Tambour	Барабан
Tambourin	Бубон
Trombone	Тромбон
Trompette	Труба
Violon	Скрипка
Violoncelle	Віолончель

Jardin
Сад

Arbre	Дерево
Banc	Лава
Buisson	Кущ
Clôture	Паркан
Étang	Ставок
Fleur	Квітка
Garage	Гараж
Hamac	Гамак
Herbe	Трава
Jardin	Сад
Mauvaises Herbes	Бур'Янів
Pelle	Лопата
Pelouse	Газон
Râteau	Граблі
Sol	Ґрунт
Terrasse	Тераса
Trampoline	Батут
Tuyau	Шланг
Verger	Фруктовий Сад
Vigne	Лоза

Jouets
Іграшки

Argile	Глина
Artisanat	Ремесла
Avion	Літак
Balle	М'яч
Bateau	Човен
Camion	Вантажівка
Échecs	Шахи
Favori	Улюблений
Imagination	Уява
Jeux	Ігри
Livres	Книги
Peinture	Фарби
Poupée	Лялька
Puzzle	Головоломка
Robot	Робот
Tambours	Барабани
Train	Поїзд
Vélo	Велосипед
Voiture	Автомобіль

Jours et Mois
Дні та Місяці

Août	Серпень
Avril	Квітень
Calendrier	Календар
Dimanche	Неділя
Février	Лютий
Janvier	Січень
Jeudi	Четвер
Juillet	Липень
Juin	Червень
Lundi	Понеділок
Mardi	Вівторок
Mars	Березень
Mercredi	Середа
Mois	Місяць
Novembre	Листопад
Octobre	Жовтень
Samedi	Субота
Semaine	Тиждень
Septembre	Вересень
Vendredi	П'ятниця

Les Abeilles
Бджола

Ailes	Крила
Bénéfique	Вигідний
Cire	Віск
Essaim	Рій
Écosystème	Екосистема
Fleur	Цвіт
Fleurs	Квіти
Fruit	Фрукт
Fumée	Дим
Insecte	Комаха
Jardin	Сад
Miel	Мед
Nourriture	Їжа
Plantes	Рослини
Pollen	Пилок
Pollinisateur	Запильник
Reine	Королева
Ruche	Вулик
Soleil	Сонце

Légumes
Овочі

Ail	Часник
Artichaut	Артишок
Aubergine	Баклажан
Brocoli	Броколі
Carotte	Морква
Céleri	Селера
Champignon	Гриб
Citrouille	Гарбуз
Concombre	Огірок
Échalote	Шалот
Épinard	Шпинат
Gingembre	Імбир
Navet	Ріпа
Oignon	Цибуля
Olive	Оливка
Persil	Петрушка
Pois	Горох
Radis	Редис
Salade	Салат
Tomate	Помідор

Littérature
Література

Analogie	Аналогія
Analyse	Аналіз
Anecdote	Анекдот
Auteur	Автор
Biographie	Біографія
Comparaison	Порівняння
Conclusion	Висновок
Description	Опис
Dialogue	Діалог
Fiction	Вигадка
Métaphore	Метафора
Narrateur	Оповідач
Poème	Вірш
Poétique	Поетичний
Rime	Рима
Roman	Роман
Rythme	Ритм
Style	Стиль
Thème	Тема
Tragédie	Трагедія

Livres
Книги

Auteur	Автор
Aventure	Пригода
Collection	Колекція
Contexte	Контекст
Dualité	Подвійність
Écrit	Написана
Épique	Епопеї
Histoire	Історія
Historique	Історичний
Humoristique	Гумористичний
Lecteur	Читач
Littéraire	Літературний
Narrateur	Оповідач
Page	Сторінка
Pertinent	Відповідні
Poème	Вірш
Poésie	Поезія
Roman	Роман
Série	Серія
Tragique	Трагічний

Maison
Будинок

Balai	Мітла
Bibliothèque	Бібліотека
Chambre	Кімната
Cheminée	Камін
Clés	Ключі
Clôture	Паркан
Cuisine	Кухня
Douche	Душ
Fenêtre	Вікно
Garage	Гараж
Grenier	Горище
Jardin	Сад
Lampe	Лампа
Miroir	Дзеркало
Mur	Стіна
Plafond	Стеля
Porte	Двері
Rideaux	Штори
Tapis	Килимок
Toit	Дах

Mammifères
Ссавці

Baleine	Кит
Chat	Кішка
Cheval	Кінь
Chien	Пес
Coyote	Койот
Dauphin	Дельфін
Éléphant	Слон
Girafe	Жираф
Gorille	Горила
Kangourou	Кенгуру
Lapin	Кролик
Lion	Лев
Loup	Вовк
Mouton	Вівця
Ours	Ведмідь
Renard	Лисиця
Singe	Мавпа
Taureau	Бик
Tigre	Тигр
Zèbre	Зебра

Mathématiques
Математика

Angles	Кути
Arithmétique	Арифметика
Carré	Площа
Circonférence	Округ
Décimal	Десятковий
Diamètre	Діаметр
Exposant	Показник
Équation	Рівняння
Géométrie	Геометрія
Parallèle	Паралельний
Parallélogramme	Паралелограм
Périmètre	Периметр
Polygone	Багатокутник
Rayon	Радіус
Rectangle	Прямокутник
Somme	Сума
Sphère	Сфера
Symétrie	Симетрія
Triangle	Трикутник
Volume	Обсяг

Mesures
Вимірювання

Centimètre	Сантиметр
Degré	Ступінь
Décimal	Десятковий
Gramme	Грам
Hauteur	Висота
Kilogramme	Кілограм
Kilomètre	Кілометр
Largeur	Ширина
Litre	Літр
Longueur	Довжина
Masse	Маса
Mètre	Метр
Minute	Хвилина
Octet	Байт
Once	Унція
Poids	Вага
Pouce	Дюйм
Profondeur	Глибина
Tonne	Тонна
Volume	Обсяг

Meubles
Меблі

Banc	Лава
Bibliothèque	Книжкова Шафа
Bureau	Бюро
Canapé	Диван
Chaise	Крісло
Commode	Комод
Coussins	Подушки
Étagères	Полиці
Futon	Футон
Hamac	Гамак
Lampe	Лампа
Lit	Ліжко
Matelas	Матрац
Miroir	Дзеркало
Oreiller	Подушка
Rideaux	Штори
Tapis	Килимок

Méditation
Медитація

Acceptation	Прийняття
Attention	Увага
Calme	Спокійний
Clarté	Ясність
Compassion	Співчуття
Émotions	Емоції
Éveillé	Прокинутися
Gentillesse	Доброта
Gratitude	Подяка
Habitudes	Звички
Mental	Розумовий
Mouvement	Рух
Musique	Музика
Nature	Природа
Observation	Спостереження
Paix	Мир
Perspective	Перспектива
Posture	Постава
Respiration	Дихання
Silence	Тиша

Météo
Погода

Arc-En-Ciel	Веселка
Atmosphère	Атмосфера
Brise	Бриз
Brouillard	Туман
Calme	Спокійний
Ciel	Небо
Climat	Клімат
Glace	Лід
Mousson	Мусон
Nuage	Хмара
Ouragan	Ураган
Polaire	Полярний
Sec	Сухі
Sécheresse	Посуха
Température	Температура
Tempête	Бур
Tonnerre	Грим
Tornade	Торнадо
Tropical	Тропічний
Vent	Вітер

Mythologie
Міфологія

Archétype	Архетип
Catastrophe	Лихо
Comportement	Поведінка
Création	Створення
Créature	Істота
Croyances	Переконання
Culture	Культура
Éclair	Блискавка
Force	Сила
Guerrier	Воїн
Héros	Герой
Immortalité	Безсмертя
Jalousie	Ревнощі
Labyrinthe	Лабіринт
Légende	Легенда
Magique	Чарівний
Monstre	Монстр
Mortel	Смертний
Tonnerre	Грім
Vengeance	Помста

Nature
Природа

Abeilles	Бджіл
Abri	Притулок
Animaux	Тварин
Arctique	Арктичний
Beauté	Краса
Brouillard	Туман
Désert	Пустеля
Dynamique	Динамічний
Érosion	Ерозія
Feuillage	Листя
Fleuve	Річка
Forêt	Ліс
Glacier	Льодовик
Montagnes	Гори
Nuage	Хмари
Paisible	Мирно
Sanctuaire	Святилище
Sauvage	Дикий
Serein	Безтурботний
Tropical	Тропічний

Nombres
Числа

Cinq	П'Ять
Deux	Два
Décimal	Десятковий
Dix	Десять
Dix-Huit	Вісімнадцять
Dix-Neuf	Дев'Ятнадцять
Dix-Sept	Сімнадцять
Douze	Дванадцять
Huit	Вісім
Neuf	Дев'Ять
Quatorze	Чотирнадцять
Quatre	Чотири
Quinze	П'Ятнадцять
Seize	Шістнадцять
Sept	Сім
Six	Шість
Treize	Тринадцять
Trois	Три
Vingt	Двадцять
Zéro	Нуль

Nourriture #1
Харчування #1

Ail	Часник
Basilic	Василь
Café	Кава
Cannelle	Кориця
Carotte	Морква
Citron	Лимон
Épinard	Шпинат
Fraise	Полуниця
Jus	Сік
Lait	Молоко
Navet	Ріпа
Oignon	Цибуля
Orge	Ячмінь
Poire	Груша
Salade	Салат
Sel	Сіль
Soupe	Суп
Sucre	Цукор
Thon	Тунець
Viande	М'Ясо

Nourriture #2
Харчування #2

Amande	Мигдаль
Aubergine	Баклажан
Banane	Банан
Blé	Пшениця
Brocoli	Броколі
Cerise	Вишня
Céleri	Селера
Champignon	Гриб
Chocolat	Шоколад
Jambon	Шинка
Kiwi	Ківі
Mangue	Манго
Oeuf	Яйце
Pain	Хліб
Poisson	Риба
Pomme	Яблуко
Poulet	Курка
Raisin	Виноград
Riz	Рис
Tomate	Помідор

Nutrition
Харчування

Amer	Гіркий
Appétit	Апетит
Calories	Калорій
Comestible	Їстівний
Diète	Дієта
Digestion	Травлення
Épices	Спеції
Équilibré	Збалансований
Fermentation	Бродіння
Glucides	Вуглеводів
Liquides	Рідини
Poids	Вага
Protéines	Білки
Qualité	Якість
Sain	Здоровий
Santé	Здоров'Я
Sauce	Соус
Saveur	Аромат
Toxine	Токсин
Vitamine	Вітамін

Océan
Океан

Anguille	Вугор
Baleine	Кит
Bateau	Човен
Corail	Кораловий
Crabe	Краб
Crevette	Креветки
Dauphin	Дельфін
Éponge	Губка
Huître	Устриця
Marées	Припливи
Méduse	Медуза
Poisson	Риба
Poulpe	Восьминіг
Requin	Акула
Récif	Риф
Sel	Сіль
Tempête	Буря
Thon	Тунець
Tortue	Черепаха
Vagues	Хвилі

Oiseaux
Птахи

Aigle	Орел
Autruche	Страус
Canard	Качка
Cigogne	Лелека
Colombe	Голуб
Corbeau	Ворона
Coucou	Зозуля
Cygne	Лебідка
Flamant	Фламінго
Héron	Чапля
Manchot	Пінгвін
Moineau	Горобець
Mouette	Чайка
Oeuf	Яйце
Oie	Гуска
Paon	Павич
Perroquet	Папуга
Pélican	Пелікан
Poulet	Курка
Toucan	Тукан

Pays #2
Країни #2

Albanie	Албанія
Chine	Китай
Danemark	Данія
France	Франція
Haïti	Гаїті
Indonésie	Індонезія
Irlande	Ірландія
Jamaïque	Ямайка
Japon	Японія
Kenya	Кенія
Laos	Лаос
Liban	Ліван
Mexique	Мексика
Ouganda	Уганда
Pakistan	Пакистан
Russie	Росія
Somalie	Сомалі
Soudan	Судан
Syrie	Сирія
Ukraine	Україна

Paysages
Пейзажі

Cascade	Водоспад
Colline	Пагорб
Désert	Пустеля
Estuaire	Лиман
Fleuve	Річка
Geyser	Гейзер
Glacier	Льодовик
Grotte	Печера
Iceberg	Айсберг
Île	Острів
Lac	Озеро
Marais	Болото
Mer	Море
Montagne	Гора
Oasis	Оазис
Péninsule	Півострів
Plage	Пляж
Toundra	Тундра
Vallée	Долина
Volcan	Вулкан

Pêche
Риболовля

Appât	Принада
Bateau	Човен
Branchies	Зябра
Crochet	Гак
Cuire	Кухар
Eau	Вода
Exagération	Перебільшення
Équipement	Обладнання
Fil	Дріт
Fleuve	Річка
Lac	Озеро
Mâchoire	Щелепа
Océan	Океан
Panier	Кошик
Patience	Терпіння
Plage	Пляж
Poids	Вага
Saison	Сезон

Pirates
Пірати

Ancre	Якір
Aventure	Пригода
Capitaine	Капітан
Carte	Карта
Cicatrice	Шрам
Danger	Небезпека
Drapeau	Прапор
Épée	Меч
Équipage	Екіпаж
Grotte	Печера
Île	Острів
Légende	Легенда
Mauvais	Поганий
Océan	Океан
Or	Золото
Perroquet	Папуга
Pièces	Монети
Plage	Пляж
Rhum	Ром
Trésor	Скарб

Plage
Пляжний

Bateau	Човен
Bleu	Синій
Côte	Узбережжя
Crabe	Краб
Dock	Док
Île	Острів
Lagune	Лагуна
Mer	Море
Nager	Плавати
Océan	Океан
Parapluie	Парасолька
Récif	Риф
Sable	Пісок
Sandales	Сандалі
Serviette	Рушник
Soleil	Сонце
Vacances	Відпустка
Voilier	Вітрильник

Plantes
Рослини

Arbre	Дерево
Baie	Ягода
Bambou	Бамбук
Botanique	Ботаніка
Buisson	Кущ
Cactus	Кактус
Engrais	Добриво
Feuillage	Листя
Fleur	Квітка
Flore	Флора
Forêt	Ліс
Grandir	Рости
Haricot	Квасоля
Herbe	Трава
Jardin	Сад
Lierre	Плющ
Mousse	Мох
Pétale	Пелюстка
Racine	Корінь
Végétation	Рослинність

Professions #1
Професії #1

Ambassadeur	Посол
Astronome	Астроном
Avocat	Адвокат
Banquier	Банкір
Bijoutier	Ювелір
Cartographe	Картограф
Chasseur	Мисливець
Danseur	Танцюрист
Entraîneur	Тренер
Éditeur	Редактор
Géologue	Геолог
Infirmière	Медсестра
Médecin	Лікар
Musicien	Музикант
Pianiste	Піаніст
Plombier	Сантехнік
Pompier	Пожежник
Psychologue	Психолог
Scientifique	Вчений
Vétérinaire	Ветеринар

Professions #2
Професії #2

Astronaute	Астронавт
Bibliothécaire	Бібліотекар
Biologiste	Біолог
Chercheur	Дослідник
Chirurgien	Хірург
Dentiste	Стоматолог
Détective	Детектив
Enseignant	Вчитель
Illustrateur	Ілюстратор
Ingénieur	Інженер
Inventeur	Винахідник
Jardinier	Садівник
Journaliste	Журналіст
Linguiste	Лінгвіст
Médecin	Лікар
Peintre	Художник
Philosophe	Філософ
Photographe	Фотограф
Pilote	Пілот
Zoologiste	Зоолог

Randonnée
Походи

Animaux	Тварин
Bottes	Чоботи
Camping	Кемпінг
Carte	Карта
Climat	Клімат
Dangers	Небезпеки
Eau	Вода
Fatigué	Втомився
Lourd	Важкий
Météo	Погода
Montagne	Гора
Nature	Природа
Orientation	Орієнтація
Parcs	Парки
Pierres	Камені
Préparation	Підготовка
Sauvage	Дикий
Soleil	Сонце
Sommet	Саміт

Remplir
Заповнити

Baignoire	Ванна
Baril	Бочка
Bassin	Басейн
Boîte	Ящик
Bouteille	Пляшка
Carton	Коробка
Dossier	Папка
Enveloppe	Конверт
Panier	Кошик
Paquet	Пакет
Plateau	Лоток
Poche	Кишеня
Pot	Глек
Sac	Сумка
Seau	Відро
Tiroir	Шухляда
Tube	Труба
Valise	Валіза
Vase	Ваза

Restaurant #1
Ресторан #1

Allergie	Алергія
Assiette	Тарілка
Bol	Чаша
Café	Кава
Caissier	Касир
Couteau	Ніж
Cuisine	Кухня
Dessert	Десерт
Épicé	Гострий
Ingrédients	Інгредієнти
Menu	Меню
Nourriture	Їжа
Pain	Хліб
Poulet	Курка
Réservation	Бронювання
Sauce	Соус
Serveuse	Офіціантка
Serviette	Серветка
Viande	М'Ясо

Restaurant #2
Ресторан #2

Boisson	Напій
Chaise	Крісло
Cuillère	Ложка
Déjeuner	Обід
Délicieux	Смачний
Dîner	Вечеря
Eau	Вода
Épices	Спеції
Fourchette	Вилка
Fruit	Фрукт
Gâteau	Торт
Glace	Лід
Légumes	Овочі
Nouilles	Локшина
Oeuf	Яйця
Poisson	Риба
Salade	Салат
Sel	Сіль
Serveur	Офіціант
Soupe	Суп

Salle de Bains
Ванна Кімната

Bain	Ванна
Bulles	Бульбашки
Ciseaux	Ножиці
Douche	Душ
Eau	Вода
Éponge	Губка
Lotion	Лосьйон
Miroir	Дзеркало
Parfum	Парфуми
Robinet	Кран
Savon	Мило
Serviette	Рушник
Shampooing	Шампунь
Tapis	Килимок
Toilette	Туалет
Vapeur	Пар

Science
Наукова

Atome	Атом
Chimique	Хімічні
Climat	Клімат
Données	Дані
Expérience	Експеримент
Évolution	Еволюція
Fait	Факт
Fossile	Викопний
Gravité	Гравітація
Hypothèse	Гіпотеза
Laboratoire	Лабораторія
Méthode	Метод
Minéraux	Мінерали
Molécules	Молекули
Nature	Природа
Observation	Спостереження
Organisme	Організм
Particules	Частинки
Physique	Фізика
Scientifique	Вчений

Science-Fiction
Наукова Фантастика

Atomique	Атомний
Cinéma	Кіно
Dystopie	Антиутопія
Explosion	Вибух
Fantastique	Фантастичний
Feu	Вогонь
Futuriste	Футуристичний
Galaxie	Галактика
Illusion	Ілюзія
Imaginaire	Уявний
Livres	Книги
Monde	Світ
Mystérieux	Таємничий
Oracle	Оракул
Planète	Планета
Réaliste	Реалістичний
Robots	Роботи
Scénario	Сценарій
Technologie	Технологія
Utopie	Утопія

Sports
Спортивний

Arbitre	Суддя
Athlète	Спортсмен
Base-Ball	Бейсбол
Basket-Ball	Баскетбол
Championnat	Чемпіонат
Entraîneur	Тренер
Équipe	Команда
Gagnant	Переможець
Golf	Гольф
Gymnase	Гімназія
Gymnastique	Гімнастика
Hockey	Хокей
Jeu	Гра
Joueur	Гравець
Mouvement	Рух
Nager	Плавати
Stade	Стадіон
Tennis	Теніс
Vélo	Велосипед

Surf
Серфінг

Amusement	Веселощі
Athlète	Спортсмен
Champion	Чемпіон
Débutant	Новачок
Estomac	Шлунок
Force	Сила
Foules	Натовп
Météo	Погода
Mousse	Піна
Nager	Плавати
Océan	Океан
Pagaie	Весло
Plage	Пляж
Populaire	Популярний
Récif	Риф
Style	Стиль
Vague	Хвиля
Vitesse	Швидкість

Technologie
Технології

Affichage	Дисплей
Blog	Блог
Caméra	Камера
Curseur	Курсор
Données	Дані
Écran	Екран
Fichier	Файл
Internet	Інтернет
Message	Повідомлення
Navigateur	Браузер
Numérique	Цифровий
Octets	Байт
Ordinateur	Комп'Ютер
Police	Шрифт
Recherche	Дослідження
Sécurité	Безпека
Statistiques	Статистика
Virtuel	Віртуальний
Virus	Вірус

Temps
Час

Année	Рік
Annuel	Щорічний
Après	Після
Avant	До
Bientôt	Скоро
Calendrier	Календар
Décennie	Десятиліття
Futur	Майбутнє
Heure	Година
Hier	Вчора
Horloge	Годинник
Jour	День
Maintenant	Зараз
Matin	Ранок
Midi	Полудень
Minute	Хвилина
Mois	Місяць
Nuit	Ніч
Semaine	Тиждень
Siècle	Століття

Types de Cheveux
Типи Волосся

Argent	Срібло
Blanc	Білий
Blond	Блондин
Boucles	Кучер
Brillant	Блискучий
Chauve	Лисий
Court	Короткий
Doux	М'Який
Épais	Товстий
Frisé	Кучерявий
Gris	Сірий
Long	Довгий
Marron	Коричневий
Mince	Тонкий
Noir	Чорний
Ondulé	Хвилястий
Sain	Здоровий
Sec	Сухий
Tresses	Коси
Tressé	Плетений

Vacances #2
Відпустка #2

Aéroport	Аеропорт
Camping	Кемпінг
Carte	Карта
Destination	Призначення
Étranger	Іноземець
Hôtel	Готель
Île	Острів
Loisir	Дозвілля
Mer	Море
Passeport	Паспорт
Plage	Пляж
Restaurant	Ресторан
Réservations	Бронювання
Taxi	Таксі
Tente	Намет
Train	Поїзд
Transport	Транспорт
Vacances	Свято
Visa	Віза
Voyage	Подорож

Vertus #1
Чесноти #1

Artistique	Художній
Bon	Хороший
Charmant	Чарівний
Curieux	Цікавий
Décisif	Вирішальний
Efficace	Ефективний
Fiable	Надійні
Généreux	Щедрий
Indépendant	Незалежний
Intelligent	Розумний
Modeste	Скромний
Passionné	Пристрасний
Patient	Пацієнт
Pratique	Практичний
Propre	Чистий
Sage	Мудрий
Utile	Корисний

Véhicules
Автомобілі

Avion	Літак
Bateau	Човен
Bus	Автобус
Camion	Вантажівка
Caravane	Караван
Ferry	Пором
Fusée	Ракета
Hélicoptère	Вертоліт
Métro	Метро
Moteur	Двигун
Navette	Човник
Pneus	Шини
Radeau	Пліт
Scooter	Скутер
Taxi	Таксі
Tracteur	Трактор
Train	Поїзд
Van	Фургон
Vélo	Велосипед
Voiture	Автомобіль

Vêtements
Одяг

Bracelet	Браслет
Ceinture	Пояс
Chapeau	Капелюх
Chaussure	Взуття
Chemise	Сорочка
Chemisier	Блузка
Collier	Намисто
Foulard	Шарф
Gants	Рукавички
Jeans	Джинси
Jupe	Спідниця
Manteau	Пальто
Mode	Мода
Pantalon	Штани
Pull	Светр
Pyjama	Піжама
Robe	Плаття
Sandales	Сандалі
Tablier	Фартух
Veste	Куртка

Ville
Місто

Aéroport	Аеропорт
Banque	Банк
Bibliothèque	Бібліотека
Boulangerie	Пекарня
Cinéma	Кіно
Clinique	Клініка
École	Школа
Fleuriste	Флорист
Galerie	Галерея
Hôtel	Готель
Marché	Ринок
Musée	Музей
Pharmacie	Аптека
Restaurant	Ресторан
Salon	Салон
Stade	Стадіон
Supermarché	Супермаркет
Théâtre	Театр
Université	Університет
Zoo	Зоопарк

Félicitations

Vous avez réussi !

Nous espérons que vous avez apprécié ce livre autant que nous avons pris plaisir à le concevoir. Nous faisons de notre mieux pour créer des livres de la meilleure qualité possible.
Cette édition est conçue pour permettre un apprentissage intelligent et de qualité en se divertissant !

Vous avez aimé ce livre ?

Une Simple Demande

Nos livres existent grâce aux avis que vous publiez. Pourriez-vous nous aider en laissant un avis maintenant ?

Voici un lien rapide qui vous mènera à votre
page d'évaluation de vos commandes :

BestBooksActivity.com/Avis50

CHALLENGE FINAL !

Défi n°1

Êtes-vous prêt pour votre jeu bonus ? Nous les utilisons tout le temps mais ils ne sont pas si faciles à trouver. Voici les **Synonymes** !

Notez 5 mots que vous avez trouvés dans les puzzles notés ci-dessous (n°21, n°36, n°76) et essayez de trouver 2 synonymes pour chaque mot.

Notez 5 Mots du **Puzzle 21**

Mots	Synonyme 1	Synonyme 2

Notez 5 Mots du **Puzzle 36**

Mots	Synonyme 1	Synonyme 2

Notez 5 Mots du **Puzzle 76**

Mots	Synonyme 1	Synonyme 2

Défi n°2

Maintenant que vous vous êtes échauffé, notez 5 mots que vous avez découverts dans les Puzzles n° 9, n° 17, n° 25 et essayez de trouver 2 antonymes pour chaque mot. Combien pouvez-vous en trouver en 20 minutes ?

Notez 5 Mots du **Puzzle 9**

Mots	Antonyme 1	Antonyme 2

Notez 5 Mots du **Puzzle 17**

Mots	Antonyme 1	Antonyme 2

Notez 5 Mots du **Puzzle 25**

Mots	Antonyme 1	Antonyme 2

Défi n°3

Formidable ! Ce défi final n'est rien pour vous.

Prêt pour le dernier défi ? Choisissez 10 mots que vous avez découverts parmi les différents puzzles et notez-les ci-dessous.

1.	6.
2.	7.
3.	8.
4.	9.
5.	10.

Maintenant, composez un texte en pensant à une personne, un animal ou un lieu que vous aimez !

Astuce: Vous pouvez utiliser la dernière page de ce livre comme brouillon !

Votre Composition :

CARNET DE NOTES :

À TRÈS BIENTÔT !

Toute l'équipe

DECOUVREZ DES JEUX GRATUITS

GO

BESTACTIVITYBOOKS.COM/FREEGAMES